STIFTUNG SÄCHSISCHER ARCHITEKTEN

in Zusammenarbeit mit

Blick vom Thomaskirchturm
auf das Alte Rathaus, das Messehaus am Markt
und das Leipziger Messeamt, um 1968

BEITRÄGE ZUR ARCHITEKTUR

Christoph Kaufmann · Peter Leonhardt · Anett Müller

Plan!

Leipzig
Architektur und Städtebau
1945–1976

Inhalt

5 Geleitwort

7 **Prolog**

10 **Verdrängung, Bewahrung, Neubeginn (1945–1960)**

11 **Verdrängung und Bewahrung**
12 Bebauungsplan Leipzig-Innere Altstadt
16 Verkehrsplanung
18 Wiederaufbau des Alten Rathauses
20 Wiederaufbau des Neuen Rathauses
24 Kongreßhalle
26 Studie zu einem Bach-Mausoleum
28 Mustermesse
32 Technische Messe
34 Umbau der Messehalle 9 zum Sowjetischen Pavillon
38 Evangelisch-reformierte Kirche
40 Trinitatiskirche Anger-Crottendorf
42 Neuer Israelitischer Friedhof
44 Wiederaufbau des Hauptbahnhofes
48 Neubauten am Ranstädter Steinweg/Straße der III. Weltfestspiele

50 **Neubeginn**
52 Magistrale und Zentraler Platz
56 Neubau des Opernhauses
60 Forschung und Lehre
66 Neubau der Deutschen Hochschule für Körperkultur
70 Sportforum
74 Wohnen
76 Ausstellung »Mehr Wohnungen«

80 **Die moderne sozialistische Stadt**

84 Perspektiv- und Generalplanungen
90 Neubebauung des Marktes
96 Gestaltung des Sachsenplatzes
102 Promenadenring
110 Karl-Marx-Platz
116 Karl-Marx-Universität
122 Hotel »Deutschland«
124 Umgestaltung des Musikviertels
128 Straße des 18. Oktober
136 Neue sozialistische Wohnkomplexe
142 Neue Konstruktionen

151 **Epilog**

158 **Anhang**
159 Literaturverzeichnis
163 Abbildungsnachweis
164 Autorenverzeichnis
165 Impressum

166 Tanja Scheffler
»Kunst ist, wenn sie trotzdem entsteht.«
Schlaglichter auf die Architekturdarstellung

Geleitwort

Der vierte und letzte Teil der Ausstellungsreihe zur Leipziger Architekturgeschichte ist den drei Jahrzehnten nach dem Ende des Zweiten Weltkrieges gewidmet – vom Beginn des Wiederaufbaus bis zur Grundsteinlegung für das Wohngebiet Leipzig-Grünau im Sommer 1976. Die Reihe entstand in Zusammenarbeit zwischen dem Stadtgeschichtlichen Museum, dem Stadtarchiv und dem Amt für Bauordnung und Denkmalpflege der Stadt Leipzig. Die 100. Wiederkehr des Tages der Einweihung des Neuen Rathauses im Jahre 2005 gab den Anlass, das Werk seines Architekten Hugo Licht vorzustellen. Es folgten Ausstellungen über Architektur und Städtebau in der Weimarer Republik und während der NS-Diktatur.

Bei der Vorbereitung konnten wir auf die reichen Bestände des Stadtgeschichtlichen Museums und des Stadtarchivs zurückgreifen. Viele bislang unveröffentlichte Pläne sind restauriert und neben einer großen Zahl unbekannter Fotografien erstmals ausgestellt worden. Mit dem Abschluss der Ausstellungsreihe erscheint die Leipziger Architekturgeschichte des späten 19. und des 20. Jahrhunderts in einem neuen Licht. Deutlich wurden die bestimmende Rolle des kommunalen Bauwesens, seine Organisation und Arbeitsweise, die Stellung der Stadtbauräte, die bis in die Nachkriegszeit auch selbst entwerfend tätig waren und die Besonderheiten der Leipziger Stadtentwicklung jenseits der allgemeinen Strömungen.

Die Architekturgeschichte der DDR lässt sich nicht als kontinuierliche Entwicklung beschreiben, sie ist von staatlich diktierten Periodisierungen geprägt, die etwa, wenn auch nicht ganz mit den Zäsuren ihrer politischen Geschichte – Gründung der DDR, Mauerbau, Erich Honeckers Machtantritt – zusammenfallen. Dem Wiederaufbau folgte eine Phase des Neubeginns. Nach Veröffentlichung der »16 Grundsätze des Städtebaus« im Sommer 1950 sollten die Städte in der DDR in scharfer Abgrenzung zu den Leitbildern des internationalen Städtebaus in der Bundesrepublik nach Moskauer Vorbild mit Magistralen und Zentralen Plätzen in einem traditionellen Modus neu bebaut werden. Diese Zeit des Nationalen Aufbauwerkes endete abrupt auf der 1. Baukonferenz der DDR im April 1955 mit der Abkehr von der handwerklichen Traditionsarchitektur und der Neuorientierung auf Typenprojektierung und Montagekonstruktionen. Gleichzeitig forderte die SED-Führung den beschleunigten Wiederaufbau der zerstörten Stadtzentren bis 1965. Parallel zu den großzügig angelegten Stadträumen, Ensembles und Solitären mit einem hohen Kultur- und Wohnanteil entstanden ab 1960 Siedlungen in Großblock- und Großtafel- bzw. Plattenbauweise losgelöst von den

Stadterweiterungsgebieten des 19. Jahrhunderts. Noch bevor die sozialistische Umgestaltung der Innenstädte abgeschlossen war, forderte im Jahre 1971 das Wohnungsbauprogramm der SED die Umstellung des Bauwesens auf schnellen quantitativen Wohnungszuwachs. Diesem Ziel wurden in den folgenden Jahren alle anderen Vorhaben untergeordnet.

Die Ausstellung zur Baugeschichte in Leipzig zwischen 1945 und 1976 und die nunmehr vorliegende Publikation würdigen die Leistungen des Wiederaufbaus und zeigen die Eigenart der Architektur der Nachkriegsmoderne. Als Bezirksstadt einer wichtigen Industrieregion, als Universitäts- und Messestadt besaß Leipzig nach Berlin eine herausgehobene Stellung. Binnen weniger Jahre erhielt das stark zerstörte Stadtzentrum ein neues Gesicht mit einer großen Zahl individueller Entwürfe. Mit dem forcierten Wohnungsneubau verschwand die anspruchsvolle Vielfalt der Nachkriegsmoderne. Das ehrgeizige Umgestaltungsprojekt für den Stadtkern und die inneren Vorstädte hatte sich schon kurz nach seiner Fertigstellung im Jahre 1970 erledigt, der weitere Aufbau des Stadtzentrums blieb nach dem Beginn der Arbeiten am Wohngebiet Leipzig-Grünau, dem zweitgrößten Wohnungsbauvorhaben in der DDR, schließlich ganz liegen.

Während die traditionalistischen Bauten der 1950er Jahre nicht nur in Leipzig großes Ansehen genießen, waren die Stadträume und Einzelbauten der sechziger und siebziger Jahre schon am Ende der DDR zunehmender Kritik ausgesetzt, die noch im Herbst 1989 in konkrete Abbruchforderungen mündete. Seither verschwanden zahlreiche Bauten dieser Zeit aus dem Stadtbild oder wurden durch Umbauten entstellt. Obwohl sich die Kenntnisse über die Architekturgeschichte der Ostmoderne in den letzten Jahren beträchtlich vermehrt haben, hat sich am realen Schwinden der Bauten wenig geändert. Die Aktualität des Themas resultiert nicht zuletzt aus der anhaltenden Gefährdung der Bauten dieser Zeit.

Unser herzlicher Dank gilt der Stiftung Sächsischer Architekten, die sich dem Thema angenommen hat, eine Publikation in ihrer Schriftenreihe sowie eine Ausstellung im Zentrum für Baukultur Sachsen ermöglichten und vor allem großzügig förderten. Den Mitarbeiterinnen und Mitarbeitern, besonders Susann Buttolo und Marco Dziallas danken wir für anregende Gespräche, ihre tatkräftige Unterstützung und Geduld. In den Dank schließen wir alle Einrichtungen und Privatpersonen ein, die die Nutzungsrechte der Bilder und Abbildungen gewährten. Norbert du Vinage vom Sandstein Verlag Dresden sei für die ansprechende Gestaltung der Publikation und sein Verständnis gedankt.

Christoph Kaufmann, Peter Leonhardt, Anett Müller

Prolog

Vor dem Zweiten Weltkrieg gehörte Leipzig zu den größten deutschen Städten; mit knapp 720 000 Einwohnern erreichte die Bevölkerung im Jahre 1930 ihre bislang höchste Zahl.

Die Sanierung der Altstadt und ihre Umwandlung zur großstädtischen City waren schon in den zwanziger Jahren weit fortgeschritten. Die Neubauten der Mustermesse und zahlreiche Geschäftshäuser hatten das Gesicht der Stadt seit der Reichsgründung stark verändert. Messe und Rauchwarenhandel konzentrierten sich im historischen Stadtkern, der Promenadenring hatte sich zum bevorzugten Bankenstandort entwickelt. Die dicht bebaute Altstadt zeigte eine Mischung moderner Geschäftshäuser und historischer Bürgerbauten des 17. und 18. Jahrhunderts und die Leipziger Bürgerschaft war stolz auf ihr durch »Opfermut«, nicht durch »Fürstengunst« geschaffenes Stadtbild.

Das wirtschaftliche Profil Leipzigs mit Metallverarbeitung, Maschinen- und Apparatebau als einem Schwergewicht bildete die Voraussetzung für den Ausbau der Stadt zu einem Zentrum der Rüstungsindustrie ab 1935. Gleichzeitig mit dem Neubau zahlreicher Fabriken entstanden Kleinsiedlungen und Volkswohnungen mit geringem Komfort für die Angestellten der Rüstungsunternehmen und mehr als 400 Lager für Zwangsarbeiter und Kriegsgefangene.

Wie in anderen deutschen Großstädten gab die Stadtverwaltung nach den Siegen der Wehrmacht in den ersten beiden Kriegsjahren Pläne für einen weitreichenden Stadtumbau in Auftrag. Noch im Frühjahr 1945 arbeitete der Architekt Kurt Mänicke (1896–1990) an einem Generalbebauungsplan für die Zeit nach dem »Endsieg«. Die Altstadt sollte erhalten und konserviert werden; maßstabslose Großprojekte – der neue Hauptbahnhof, das neue Messegelände, die neue Universität, Sportstadion, Stadthalle, Partei- und Verwaltungsbauten – umgaben sie in einem weiten Ring.

Die Luftangriffe der Alliierten im Zweiten Weltkrieg trafen das Stadtgebiet unterschiedlich schwer. Während der Stadtkern und die inneren Vorstädte sehr stark zerstört wurden, zeigten die Stadterweiterungsgebiete des 19. Jahrhunderts deutlich geringere Kriegsschäden. Durch die Konzentration der Luftangriffe auf die Innenstadt waren öffentliche Gebäude überdurchschnittlich stark betroffen: das Gewandhaus, das Alte und das Neue Theater, das

Museum der bildenden Künste, die Markthalle, Johannis-, Matthäi- und Trinitatiskirche gingen vollständig verloren; nach schweren Beschädigungen wurden der Hauptbahnhof, das Grassimuseum, das Konservatorium und die Kunstakademie in der Nachkriegszeit wieder aufgebaut. Von 225 000 Wohnungen waren 44 000 total zerstört, weitere 50 000 beschädigt. Walther Beyer (1885–1966), der erste Stadtbaurat der Nachkriegszeit, beschrieb die Stadt im Jahr 1946 als einen zerfetzten, aus allen Wunden blutenden Körper.

Markt,
Luftbildschrägaufnahme, vor 1945,
Junkers Luftbild-Zentrale

Augustusplatz,
Luftbildschrägaufnahme, vor 1924,
Junkers Luftbild-Zentrale

◀ **Darstellung der Kriegsschäden im Stadtgebiet**, Dezernat Bauwesen, Stadtplanungsamt, 30.10.1950, Lichtpause mit farbigen Einzeichnungen

Generalbebauungsplan der Stadt Leipzig, Bahnhofsring, Entwurf Kurt Mänicke, um 1944, Farbdruck

Verdrängung, Bewahrung und Neubeginn (1945–1960)

Verdrängung und Bewahrung

Im April 1945 hatte die amerikanische Besatzungsmacht den früheren SPD-Stadtverordneten Walther Beyer (1885–1966) zum ersten Stadtbaurat der Nachkriegszeit bestimmt. Von einem nüchternen Pragmatismus geleitet, konzentrierte Beyer die verfügbaren Kräfte auf die Trümmerbeseitigung, auf die Wiederherstellung der zerstörten Wohnungen und Fabriken sowie auf die Instandsetzung der städtischen Infrastruktur. Visionären Planungsideen von einer grundlegenden Neuordnung der Bebauung, wie sie anderenorts diskutiert wurden, trat Beyer entgegen.

Allerdings erforderte eine langfristige Perspektive die Beschäftigung mit Fragen, die sich über alle politischen Umbrüche hinweg seit den zwanziger und dreißiger Jahren aus der Stadtentwicklung ergeben hatten – nach der Trennung der Funktionen, nach den künftigen Richtungen der Stadterweiterungen für Industrie- und Wohnungsbau angesichts des näher rückenden Kohleabbaus oder nach der künftigen Organisation des Verkehrs.

Mit seinem Vorschlag, an Stelle der zerstörten Johanniskirche ein Mausoleum über dem Grab Johann Sebastian Bachs zu errichten, wollte Beyer nach Schuld und Niederlage für ein neues, humanistisches Deutschland werben. Wie in anderen Städten wurden auch in Leipzig unmittelbar nach Kriegsende wichtige Monumente der Stadt für den Wiederaufbau gesichert. Von den 141 Denkmalen im Verzeichnis des Landesamtes für Denkmalpflege waren 63 total, 31 schwer und mittelschwer beschädigt.

Der wichtigste Impuls für die Erhaltung des Leipziger Stadtbildes ging im März 1946 vom Befehl der Sowjetischen Militäradministration zur Neubelebung der Leipziger Messe aus. Die Entscheidung für den historischen Standort und für den Wiederaufbau der zum Teil schwer beschädigten innerstädtischen Messehäuser hat die urbane Eigenart des Leipziger Stadtzentrums bis heute bewahrt. Der »Messehof«, der erste Neubau der Nachkriegszeit im Stadtzentrum, schloss sich mit seiner konservativen Fassadenbildung nahtlos an die Messehausarchitektur der Zeit vor dem Ersten Weltkrieg und der zwanziger Jahre an.

Die Phase des Wiederaufbaus endete um 1960. Danach wurden kaum noch Wiederaufbauvorhaben ausgeführt.

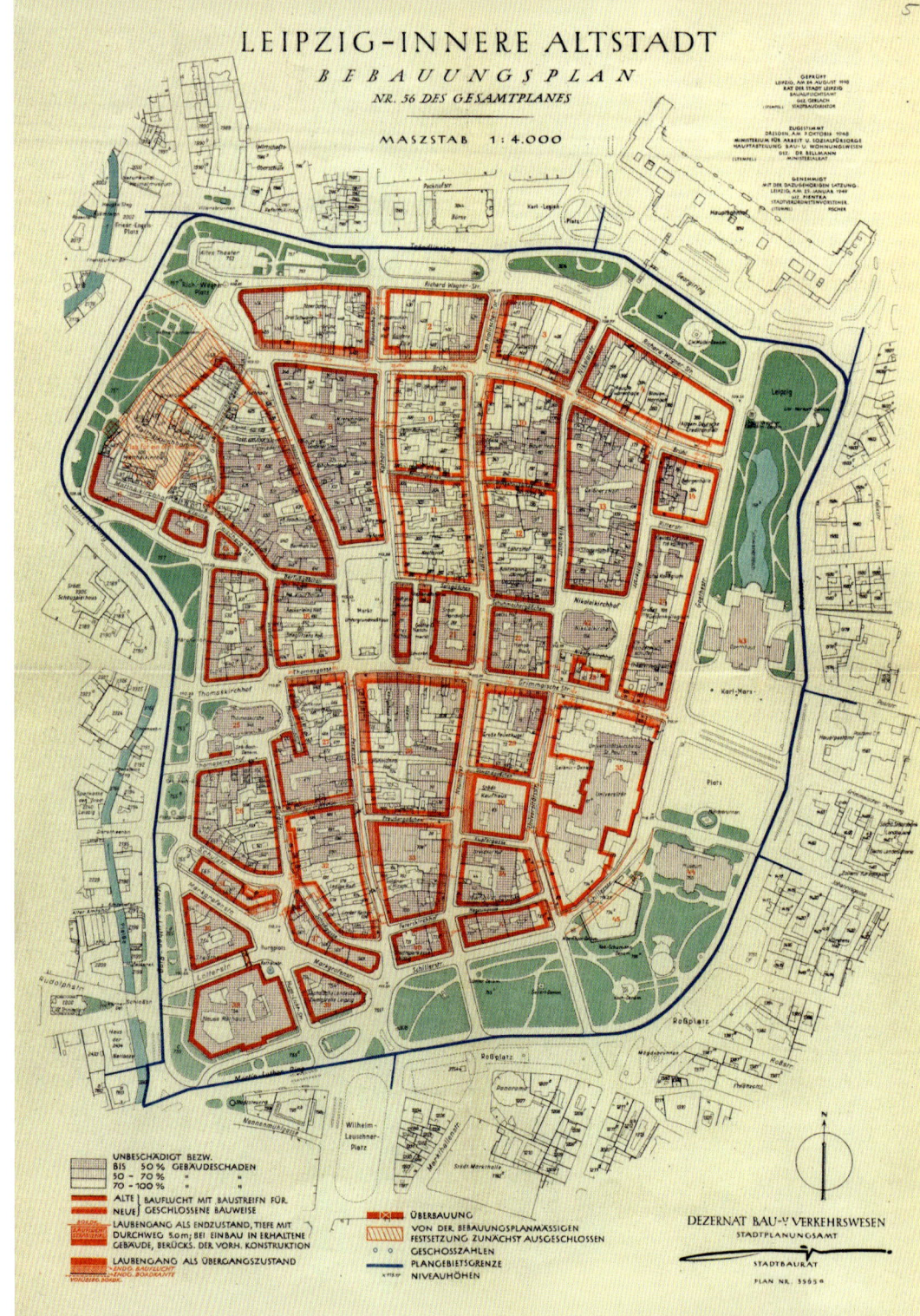

Leipzig –
**Innere Altstadt,
Bebauungsplan,**
Dezernat Bau- und Verkehrswesen, Stadtplanungsamt, 1949, Farbdruck

Bebauungsplan Leipzig – Innere Altstadt

Der Bebauungsplan Leipzig – Innere Altstadt wurde am 16. Februar 1949 wirksam und war der erste gültige Bebauungsplan der Nachkriegszeit in Leipzig. Der Plan sah die fast vollständige Erhaltung des mittelalterlichen Stadtgrundrisses im Leipziger Stadtkern und den Wiederaufbau zahlreicher kriegsbeschädigter Bauten vor. Lediglich am Matthäikirchhof war für die Errichtung eines öffentlichen Gebäudes ein größerer Eingriff in das Straßengefüge vorgesehen. Der Planinhalt knüpfte direkt an den Generalbebauungsplan von 1929 und seine Fortschreibung während der NS-Diktatur an.

Für die »Wiedererweckung« der Leipziger Messe war schon seit 1946 ein umfassendes Aufbauprogramm im Gang. Eine radikale Umgestaltung der Innenstadt schien aber auch wegen der unzerstörten Tiefbauanlagen und des Bestandes an kunsthistorisch wertvollen Gebäuden nicht ratsam.

Den Anforderungen des Verkehrs und der Stadthygiene wurde durch eine Verbreiterung der Hauptgeschäftsstraßen Rechnung getragen. Wo eine Zurückverlegung der Baufluchten nicht möglich war, sollte der Verkehrsraum durch den Einbau von Arkaden vergrößert werden. Das Bild der Innenstadt, insbesondere der Hain-, Peters- und Grimmaischen Straße, wäre zukünftig erheblich von diesen Laubengängen bestimmt worden. Die für Leipzig charakteristischen Passagen sollten erhalten bleiben. Für künftige Neubauten waren, vor allem in der Petersstraße und am Brühl, zahlreiche neue Passagen festgesetzt.

Die Bebauung der Innenhöfe war grundsätzlich weiterhin zulässig, da der Bedarf an Geschäftsraum allein durch eine Randbebauung der Blöcke nicht zu befriedigen war. Allerdings sollte die Bebauungsdichte durch eine Beschränkung auf maximal drei Geschosse reduziert werden.

Die Gestaltung der Gebäude sollte »höheren architektonischen Anforderungen« gerecht werden; die Verwendung von Naturstein war anzustreben, Werbeanlagen sollten sich in die Architektur einordnen. Schließlich war die Bauaufsicht unter bestimmten Bedingungen ermächtigt, Entwürfe oder Planverfasser zurückzuweisen, Gegenentwürfe zu unterbreiten und Ideenwettbewerbe zu fordern.

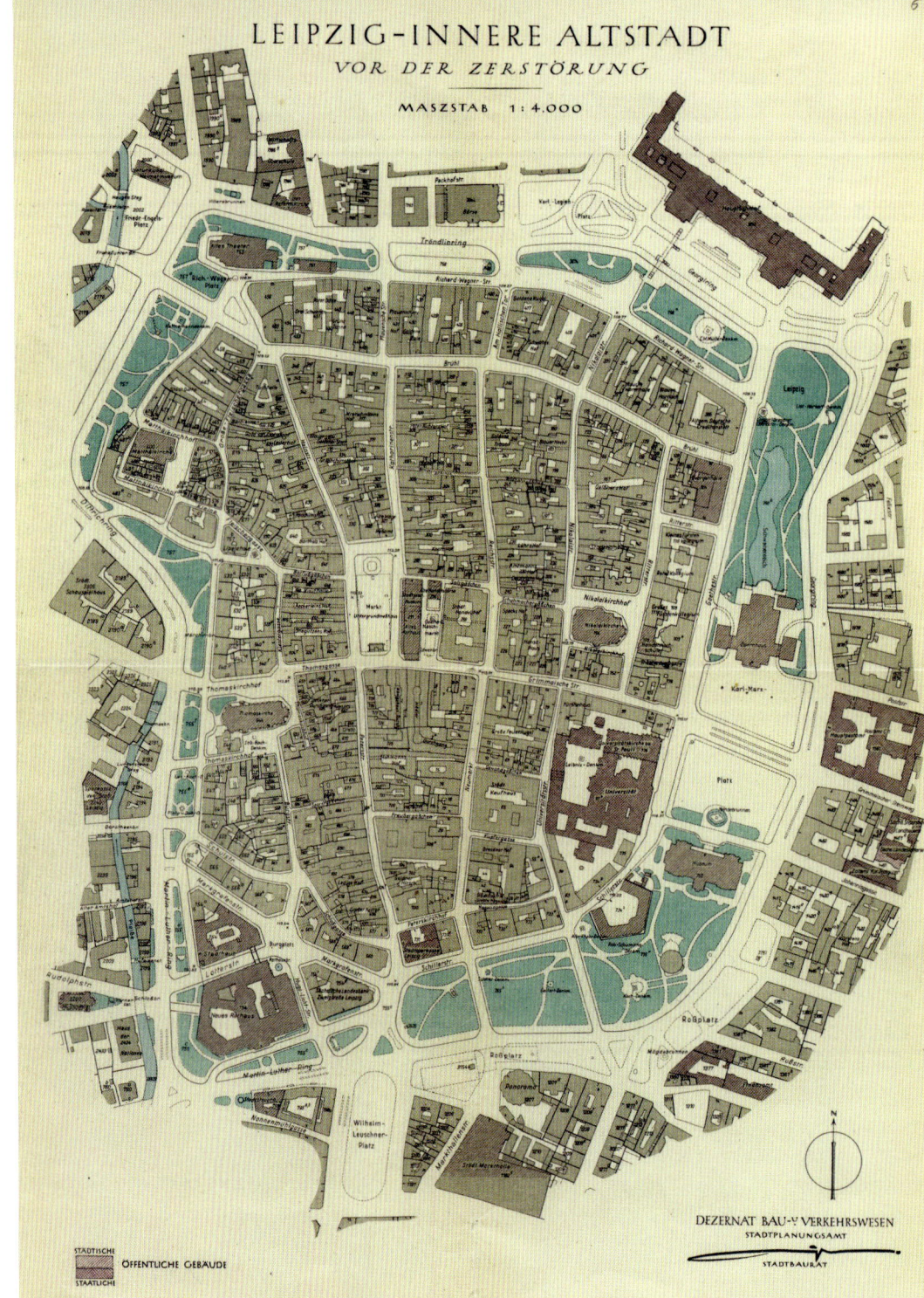

Leipzig – Innere Altstadt, vor der Zerstörung, Dezernat Bau- und Verkehrswesen, Stadtplanungsamt, 1949, Farbdruck

Leipzig – Innere Altstadt, **Sanierungsplan**, Dezernat Bau- und Verkehrswesen, Stadtplanungsamt, 1949, Farbdruck

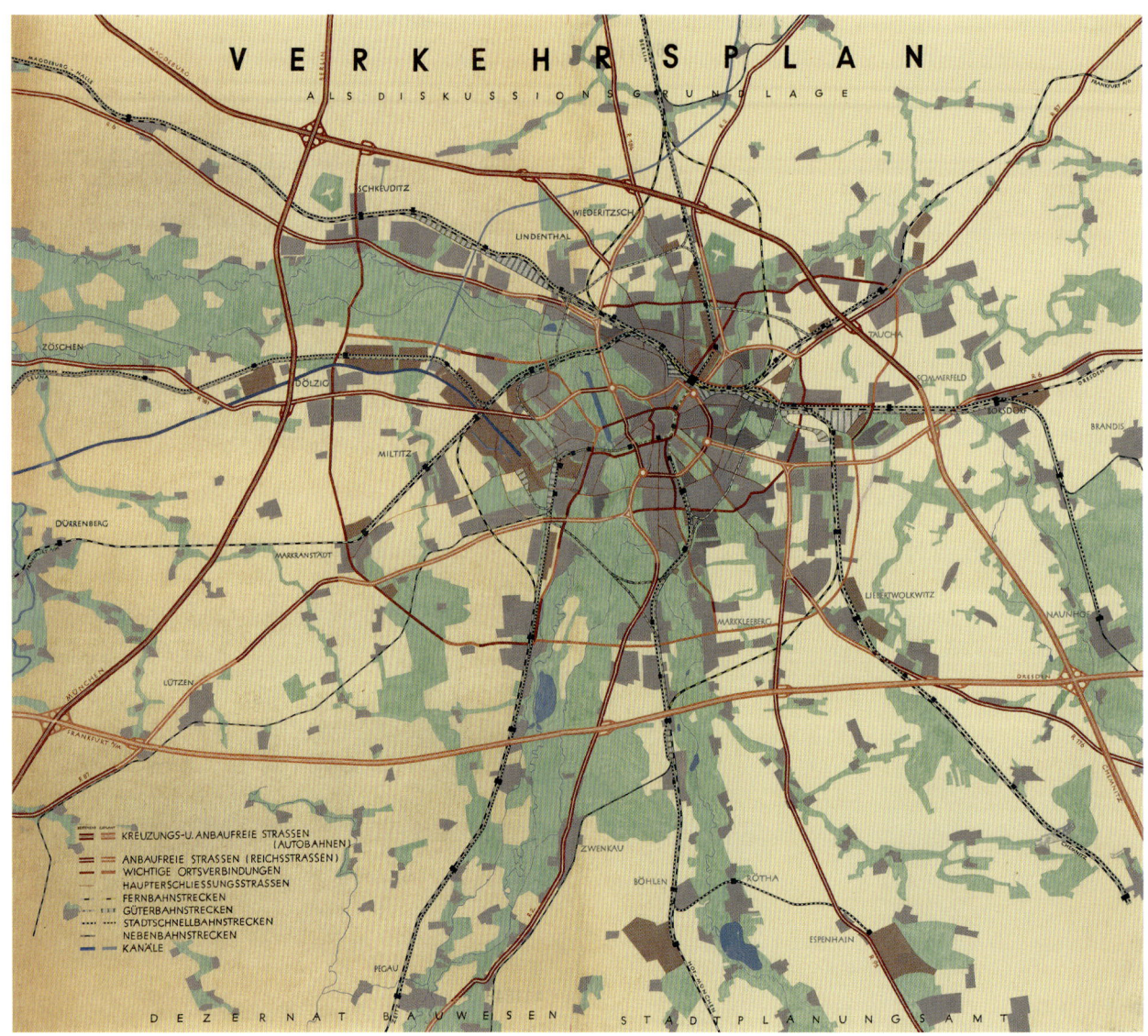

Verkehrsplan, Übersicht über
bestehende und geplante Verkehrsverbindungen
im Großraum Leipzig,
Dezernat Bauwesen, Stadtplanungsamt,
um 1950, Lichtpause mit Farbeinzeichnungen

Verkehrsplanung

Der Plan entstand für die Ausstellung »Planung und Wiederaufbau. Das Dezernat Bauwesen stellt zur Kritik und Diskussion«, die im Herbst 1949 im Neuen Rathaus stattfand. Der Verkehrsplan illustriert die Bedeutung, die dem Straßenverkehr in der Nachkriegszeit beigemessen wurde. Da der Motorisierungsgrad noch gering war, wurde eine deutliche Steigerung des Autoverkehrs in den folgenden Jahren erwartet.

Das langfristige Ziel der Stadtplaner bestand in der funktionalen Entflechtung der Stadt und der Trennung ihrer Bereiche für Wohnen, Arbeiten und Erholung. Die dicht bebauten Wohnviertel im Osten und Westen der Stadt sollten aufgelockert, Grünverbindungen zwischen den Wohngebieten ausgebaut werden.

Für die Industrie waren vor allem Flächen im Westen um den Elster-Saale-Kanal vorbehalten. Allerdings wurde das Kanalprojekt, mit dem Leipzig Zugang zum Hamburger Hafen erhalten sollte, schon wenig später im Zuge der sich abzeichnenden Teilung Deutschlands aufgegeben.

In der Beschreibung heißt es: »Gegenüber dem alten Generalbebauungsplan, der eine Entwicklung der Stadt bis zu 1 Million Einwohnern vorsah, rechnet der neue Plan im Höchstfalle mit 600 000 bis 700 000 Einwohnern… Das Straßennetz der Stadt… leidet unter dem Nachteil, daß der gesamte Durchgangsverkehr sowie der Austauschverkehr zwischen den Vororten über den Promenadenring geleitet wird… Es wird ein Autobahndreieck um die Stadt herumgelegt, das zunächst einmal allen Durchgangsverkehr ableiten wird. Den Zubringerverkehr zu den Autobahnen übernehmen die bisherigen Reichsstraßen. Sie werden jedoch vor Erreichen des Stadtgebietes abgebogen und … ohne daß Häuser an ihnen stehen, in die Stadt hineingeführt. … Die bisherigen Ausfallstraßen … sollen nicht mehr mit dem Fernverkehr belastet werden … Der Promenadenring wird eine Ergänzung durch weitere Ringe erfahren, wodurch eine Verbindung der Vorstädte sowie der Arbeits- und Wohngebiete sichergestellt wird. Natürlich ist die Umgestaltung des Leipziger Hauptbahnhofes zu einem Durchgangsbahnhof eine Planung für die ferne Zukunft. Der Wiederaufbau einer Stadt muss aber auf ein solches Zukunftsprojekt schon jetzt Rücksicht nehmen.«

Markt mit zerstörtem
Alten Rathaus,
nach dem 4. Dezember 1943,
Fotograf Alfons Trapp

Wiederaufbau
des Alten Rathauses,
18. April 1947,
Fotograf Georg Zimmer

Wiederaufbau des Alten Rathauses

Am 4. Dezember 1943 hatte ein Brandbombenangriff das Alte Rathaus schwer beschädigt. Das Dach war ausgebrannt, die Stahlkonstruktion des Dachstuhles aus dem Jahre 1907 hatte sich durch die Hitze verzogen. Die beim Umbau in den Jahren 1906–09 eingebaute Gewölbedecke über dem Obergeschoss hatte jedoch verhindert, dass der Brand auch den Festsaal und die Museumsräume im Hauptgeschoss erfasste. Noch während des Krieges erfolgte die Notsicherung mit einem Wellblechdach um Niederschlagswasser abzuhalten. Inmitten der Trümmer nahm das Stadtgeschichtliche Museum seine Arbeit wieder auf und veranstaltete bereits Weihnachten 1945 eine Ausstellung zum Wiederaufbau der Stadt.

Schon im Frühjahr 1946 begann der systematische Wiederaufbau des Alten Rathauses. Da kaum Baumaterialien zur Verfügung standen, musste viel improvisiert werden. So wurden für die Dachstuhlreparatur alte Teile gerichtet und wiederverwendet. Für das Kupferblech der Turmhaube musste der Mansfelder Hütte eine entsprechende Menge Kupferschrott übergeben werden.

Bereits am 28. Mai 1947 hielt das Stadtgeschichtliche Museum Richtfest. Am 14. August 1948 feierte die Stadtverwaltung im Plenarsaal des Neuen Rathauses den Abschluss der Restaurierungsarbeiten an den Türmen des Neuen und Alten Rathauses. Damit erhielt das Stadtbild zwei wichtige Monumente zurück.

Wiederaufbau des Alten Rathauses, Marktseite während der Dachdeckerarbeiten mit Richtkrone, 28. Mai 1947

Wiederaufbau des Neuen Rathauses

Bis zum 18. April 1945 hatte die nationalsozialistische Stadtverwaltung das Neue Rathaus erbittert verteidigt. Zeitgenössische Fotos zeigen, dass die Dächer des Rathauses großflächig abgedeckt und demoliert waren. Die Fassade wies erhebliche Schäden auf, in vielen Fenstern fehlten die Scheiben und die Turmhaube war nur noch ein Fragment. Im Inneren waren der Stadtverordnetensitzungssaal und der Festsaal ausgebrannt, die Obere Wandelhalle hatte durch Löschwasser und heruntergefallene Mauerteile stark gelitten.

Sofort nach Beendigung des Krieges erfolgten Maßnahmen zur Notsicherung und zur Inbetriebnahme der Diensträume. Gleichzeitig bemühte sich die Verwaltung um eine originalgetreue Wiederherstellung der Dächer und Fassaden. Schon Ende 1946 waren fast alle Zimmer wieder nutzbar, im Sommer 1948 konnte die Kuppel des Rathausturmes übergeben werden.

Besondere Aufmerksamkeit widmete Walther Beyer dem Stadtverordnetensitzungssaal. Den einst von Hugo Licht nobel dekorierten Raum ließ er, noch bevor die offizielle Kulturpolitik ein Bekenntnis zur Tradition verlangte, in neobarocker Formensprache wiederherstellen, wofür der Architekt Franz Herbst (1906–1998) die Entwürfe fertigte. Da geeignete Hölzer für die Wiederherstellung der Kassettendecke und der Wandvertäfelungen nicht zu beschaffen waren, war man gezwungen, große Mengen an Gips zu verbauen.

◀ Wilhelm-Leuschner-Platz mit Trümmerbahn und Neuem Rathaus im Hintergrund, Herbst 1945

Neues Rathaus, **Stadtverordnetensitzungssaal,** 1905, Architekt Hugo Licht, Fotograf Hermann Walter

Wiederaufbau des Neuen Rathauses, Stuckateure beim Überarbeiten eines angesetzten Ornamentes an der Decke im Stadtverordnetensitzungssaal, 24. Januar 1949, Fotografin Johanna Zeissig

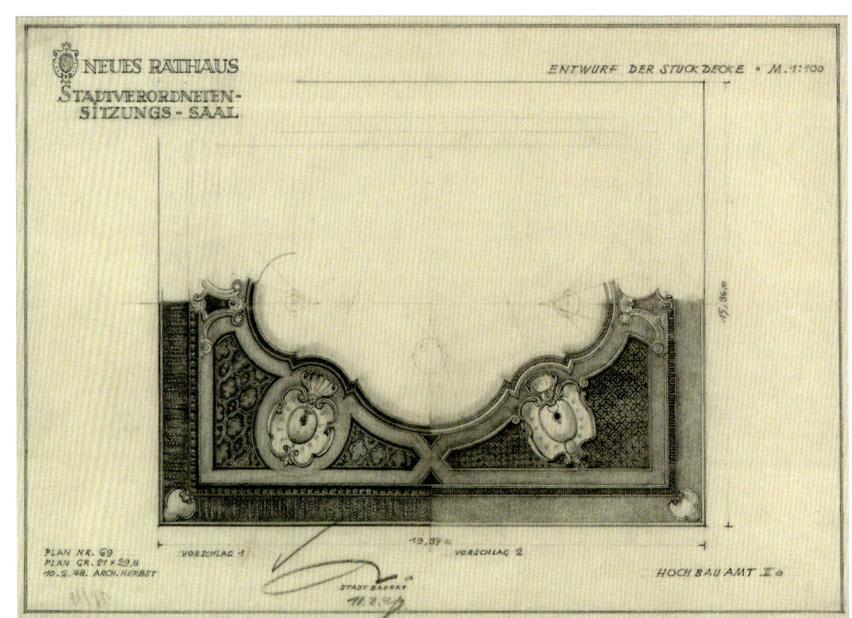

Neues Rathaus, Stadtverordnetensitzungssaal, Entwurf der Stuckdecke, Zeichnung Franz Herbst, 10. Februar 1948, Bleistiftzeichnung

Neues Rathaus,
Stadtverordnetensitzungssaal,
Architekt Franz Herbst,
November 1951

Schon während der Bauphase wurden Stimmen darüber laut, ob der Neubau eines Saales in barocken Stilformen in die Zeit passe. Die Debatte nahm bereits die Auseinandersetzungen der kommenden Jahre um Tradition und Moderne vorweg. Walther Beyer berief sich auf die sowjetische Architektur, wo man sich bei der Gestaltung öffentlicher Gebäude den klassischen Baustilen – Renaissance, Barock, Klassizismus – zuwende. Die Architektin Karola Bloch (1905–1994), die Ehefrau des Philosophen Ernst Bloch (1885–1977), hielt den nachgeahmten Barockstil dagegen für »verlogen und häßlich«. Die Atmosphäre der Würde und gehobener Stimmung könnte auch mit modernen Mitteln erreicht werden, wofür das Lenin-Mausoleum in Moskau ein gutes Beispiel sei – die schlichte Form entspräche dem Zweck, es sei schön und wirkungsvoll, ohne den Gebrauch von Säulen und reichen Ornamenten.

Nur reichlich zehn Jahre nach ihrer Fertigstellung hielt die Stadtverwaltung die Dekoration des Saales für veraltet und ließ sie 1963–1967 durch eine modernere Gestaltung ersetzen. Wiederum lag die Planung in den Händen von Franz Herbst.

Wiederaufbau der Kongreßhalle am Zoo, Pfaffendorfer Straße 29, 1946, Fotograf Johannes Widmann

Wiederaufbau der Kongreßhalle am Zoo, Pfaffendorfer Straße 29, Saal mit Blick zum Mittelrang, nach 1946

Umbau der Kongreßhalle

Durch die Konzentration der Luftangriffe auf das Stadtzentrum und die inneren Vorstädte verlor Leipzig seine wichtigsten Museen, Theater und Konzertsäle.

Der 1898 bis 1900 erbaute Große Saal im Gesellschaftshaus am Zoo war noch im April 1945 schwer getroffen worden. Auf Anordnung der Sowjetischen Militäradministration musste ein provisorischer Wiederaufbau binnen weniger Monate bis zur ersten Nachkriegsmesse im Mai 1946 erfolgen. Stadtbaurat Walther Beyer leitete selbst die Arbeiten. Der neue Saal sollte für Kongresse, Konzert- und Theateraufführungen genutzt werden. Um zusätzliche Plätze zu gewinnen, ließ Beyer die schmalen Seitenränge verbreitern und den Mittelrang neu errichten. Der Stuckdekor mit den Allegorien der Erdteile wurde beseitigt. Zur Verbesserung der Akustik erhielt der Saal eine hölzerne Kassettendecke anstelle der früheren Deckenwölbung. Am Ende glich die Raumform nicht zufällig dem zerstörten Gewandhaussaal, der durch sein legendäres Klangbild noch immer als Prototyp eines Konzertsaales galt. Am 19. August 1947 wurde der Saal eingeweiht. Er diente bis zur Vollendung des Neuen Gewandhauses im Jahre 1981 dem Gewandhausorchester als Spielstätte.

Gesellschaftshaus
am Zoo
vor der Zerstörung,
Pfaffendorfer Straße 29,
Fotograf Paul Faulstich

Studie zu einem Bach-Mausoleum, Stadtplanungsamt, November 1946, Druck, Ausschnitt

Entwurf zu einem Grabmonument für Johann Sebastian Bach an der Thomaskirche, Zeichnung Kunz Nierade, um 1949, Bleistiftzeichnung

Studie zu einem Bach-Mausoleum

Bei dem Bombenangriff auf Leipzig am 4. Dezember 1943 war auch die Johanniskirche schwer beschädigt worden. Die erst 1897 nach der Auffindung der Gebeine Johann Sebastian Bachs (1685–1750) von Fritz Schumacher (1869–1947) für die Sarkophage Bachs und Gellerts (1715–1769) entworfene Gruft, die sich unter dem Altarraum befand, drohte unter den Trümmern einzustürzen. Weil die Gemeinde keinen Wiederaufbau, sondern einen Neubau an anderem Ort anstrebte, schlug Walther Beyer die Errichtung eines Mausoleums anstelle des ausgebrannten Kirchenschiffs unter Einbeziehung der Gruft und des erhaltenen Turmes aus dem 18. Jahrhundert vor. Um den Bau bis zur 200. Wiederkehr des Todestages Bachs am 28. Juli 1950 fertigstellen zu können, sollte um Spenden aus dem Ausland geworben werden. Andere Überlegungen gingen dahin, den Sarkophag in die Thomaskirche zu überführen und dort in einer gesonderten Kapelle aufzustellen oder im Garten der Superintendentur ein Grabmonument zu errichten. Nachdem Beyers Vorschlag keine Unterstützung im Rat gefunden hatte, erhielt Kunz Nierade (1901–1976) nach einem Wettbewerb für die Gestaltung der Grablege in der Thomaskirche im Herbst 1949 den Auftrag zur Ausführung. Er schuf für die Gebeine Johann Sebastian Bachs eine Tumba aus Kalkstein mit schlichter Bronzeplatte, die wie im Mittelalter an privilegierter Stelle, auf dem Aufgang zum Chor platziert wurde. Gellerts sterbliche Überreste wurden in die Universitätskirche überführt.

Die Tageszeitung »Union« schrieb am 28. Januar 1950 dazu: »Bachs Gebeine werden, gleichnishaft, so zu liegen kommen, daß die auf der Empore singenden Thomaner gewissermaßen auf den vor ihnen ruhenden Meister schauen.«

Bei der Restaurierung der Thomaskirche wurde der Chorzugang schon 1964 wieder verändert, die Tumba beseitigt und die Bronzeplatte in den Chorraum verlegt.

Bachgrabstätte
in der Thomaskirche,
Seitenansicht der Tumba, Notiz auf der Rückseite:
»Die Gruft wurde im Jahre 1964 ohne mein Wissen abgerissen und unter verunstalteter Platte verlegt. K[unz] N[ierade]«, um 1950

Alte Waage Leipzig, Schaubild, Beitrag von Eberhard Werner zum »Wettbewerb zur Erlangung von Vorentwürfen für ein Verwaltungsgebäude des Leipziger Messeamtes«, November 1948, Reproduktion

Mustermesse

Schon während des Krieges hatte das Reichsmesseamt den künftigen Raumbedarf der Mustermesse in der Innenstadt für die Zeit nach Kriegsende kalkuliert. Die vorhandene Ausstellungsfläche sollte verdoppelt, der benötigte Raum durch den Abbruch älterer Geschäftshäuser und die Neubebauung ganzer Blocks geschaffen werden. Mit ersten Entwürfen für den »Messeschwerpunkt Innenstadt« – einen Neubau über mehrere Grundstücke an der Einmündung der Petersstraße in den Markt – beauftragte das Messeamt schon im Herbst 1946 den Architekten Eberhard Werner (1911–1961).

Kontinuität und Tradition bildeten Leitmotive beim Neubau des Messehofes in den Jahren 1949/50 – des ersten Neubaus in der Altstadt. Mit der Verbindung von Messehaus und Passage und dem konventionellen äußeren Erscheinungsbild knüpfte Werner an die Geschichte des Leipziger Messehausbaus vor dem Ersten Weltkrieg und in den 1920er Jahren an.

Im September 1948 lud das Messeamt zu einem gesamtdeutschen Wettbewerb für den Neubau seines Verwaltungsgebäudes an Stelle der zerstörten Alten Waage ein, den die Berliner Architekten Werner Weber und Heinz Kirch mit einem modernen Entwurf gewannen. Das Vorhaben kam aber erst Jahre später unter veränderten Bedingungen zur Ausführung.

Für die erste Nachkriegsmesse im Mai 1946 hatte nur ein Bruchteil der Ausstellungsfläche der Vorkriegszeit zur Verfügung gestanden. Sechs Messehäuser in der Petersstraße und am Neumarkt waren vollständig zerstört. Mehrere große Häuser, wie der Petershof, Specks Hof, der Handelshof und der Zentralmessepalast waren ausgebrannt. Die Instandsetzung des Städtischen Kaufhauses, das sein hohes Dach im Krieg verloren hatte, dauerte bis 1956 und kam einem Neubau gleich. Erst um 1960 fand der Wiederaufbau der Mustermessehäuser einen vorläufigen Abschluss. Ihre Weiternutzung und die Wiederherstellung ihrer architektonischen Eigenart zu einer Zeit, als die Architektur des Wilhelminismus in Ost und West wenig galt, waren die wichtigste Voraussetzung für die Bewahrung des Leipziger Stadtbildes bis in die Gegenwart.

Blick aus der Grimmaischen Straße zum Zentralmessepalast, um 1948, Fotograf Georg Zschäpitz

Zentralmessepalast nach dem Wiederaufbau, um 1960, Fotografin Christa Benjack

Messehof,
Petersstraße 15,
Architekt Eberhard Werner,
1948–1950, nach 1950

Messehof-Passage,
Durchgang zwischen Petersstraße 15 und Neumarkt 16/18, Innenaufnahme mit Blickrichtung Neumarkt, nach 1950,
Fotograf Oswald Eichler, Photographische Kunstwerkstätte Leipzig

Messehof-Passage,
Durchgang zwischen Petersstraße 15 und Neumarkt 16/18, Innenaufnahme mit Pilzsäule und Blickrichtung Neumarkt, nach 1950,
Fotograf Oswald Eichler, Photographische Kunstwerkstätte Leipzig

Technische Messe,
Wettbewerb zur Erlangung von Entwürfen über die Neuplanung und die architektonische Gestaltung der Bauten auf dem Messegelände zu Leipzig 1950, Entwurf von Karl Selg, Modellfoto Messe

Technische Messe,
Haupteingang an der Straße des 18. Oktober mit Blick auf die geplante Ehrenhalle der Deutschen Arbeitsfront, Modellfoto des Stadtplanungsamtes Leipzig, 1941

Technische Messe

Die nach dem Ersten Weltkrieg gegründete Technische Messe fand seit dem Frühjahr 1920 auf dem Ausstellungsgelände der I.B.A. (Internationale Baufachausstellung) 1913 am Völkerschlachtdenkmal statt und entwickelte sich in den zwanziger Jahren außerordentlich erfolgreich. Bis 1930 entstanden neun große Ausstellungshallen, von denen die Hallen 11, 12, 15, 17 bis heute erhalten geblieben sind. Nach 1933 wurden die Funktionsabläufe der Messe der Veranstaltungsregie des NS-Staates untergeordnet. Mit der Ergänzung durch weitere Hallenbauten in den Jahren 1937/38 und den weitreichenden Plänen für die Zeit nach dem Krieg stieg die Technische Messe zum wichtigsten architektonischen Repräsentationsprojekt des NS-Regimes in Leipzig auf. Unmittelbar nach Kriegsbeginn wurden die meisten Hallen für Rüstungszwecke eingezogen, ab 1942 wurde die Messe ganz eingestellt. Für die erste Nachkriegsmesse konnten nach schweren Beschädigungen lediglich vier Hallen wieder nutzbar gemacht werden.

Technische Messe,
Neubau der Messehalle 5,
1951, Fotograf unbekannt

Im Sommer 1950 veranstaltete das Leipziger Messeamt einen der wenigen gesamtdeutschen Wettbewerbe für die künftige Gesamtplanung und die Erweiterung der Ausstellungsfläche. Der Jury gehörten u. a. die Architekten Hans Scharoun (1893–1972), Richard Döcker (1894–1968) und Otto Ernst Schweitzer (1890–1965) aus der Bundesrepublik an. Der mit einem dritten Preis prämierte Entwurf von Karl Selg (1918–1981) aus Köln öffnete das Gelände und bettete die Ausstellungshallen in eine weite Parklandschaft ein, die auch die Deutsche Bücherei, den Deutschen Platz und die Tierkliniken einbezog, und alle Erinnerungen an die früheren Planungen auslöschte. Axialität, Symmetrie und monumentale Wirkung wurden gezielt beseitigt.

Für die weitere Planungsgeschichte blieb der Wettbewerb allerdings folgenlos, da lediglich der Neubau der Halle 5 im Jahre 1951 dem von Selg vorgeschlagenen Standort für einen Hallenneubau folgte. In seiner reduzierten Formensprache war er charakteristisch für viele Projekte der ersten Nachkriegsjahre.

**Technische Messe,
Sowjetischer Pavillon,**
Ruhmeshalle mit Denkmal
für Wladimir Iljitsch Lenin
und Josef Stalin, 1952,
Fotografen Rössing-Winkler

Umbau der Messehalle 9 zum Sowjetischen Pavillon

Die ehemalige Ausstellungshalle der deutschen Werkzeugmaschinenindustrie aus den Jahren 1923/24 galt zu ihrer Erbauungszeit als größter Hallenbau in Deutschland und symbolisierte die wirtschaftliche Dynamik der neuen Technischen Messe. Die Halle gehörte 1945 zu den wenigen nur leicht beschädigten Messehallen. Ab 1950 wurde sie von der sowjetischen Besatzungsmacht als nationaler Ausstellungspavillon beansprucht.

Das Eingangsbauwerk ließ die Außenhandelskammer der UdSSR in den Jahren 1950 bis 1952 mit einer aufwendig dekorierten Fassade in den historisierenden Bauformen der Sowjetarchitektur der dreißiger Jahre versehen, die in einer vergoldeten und mit dem roten Stern bekrönten Turmspitze gipfelte. Sie markiert bis heute einen Blickpunkt innerhalb des Ausstellungsgeländes. Die Hallenkonstruktion verschwand hinter abgehängten Glasdecken mit imposanter Lichtwirkung nach dem Vorbild der Moskauer Metrostationen. Den Auftakt zu den Ausstellungsräumen bildete eine mit großformatigen Mosaiken und Gemälden ausgestattete Ruhmeshalle mit einem Denkmal zu Ehren von Josef Stalin (1878–1953) als Mittelpunkt.

Technische Messe,
Messehalle 9
(heute Halle 12), um 1940,
Fotograf Paul Faulstich

Technische Messe,
Halle 9 (heute Halle 12),
Fassade nach dem
Umbau zum
Sowjetischen Pavillon,
nach 1952,
Fotograf Dr. W. G.
Heyde / HEYPHOT

Technische Messe,
Sowjetischer Pavillon,
Blick in die Ausstellungshalle,
undatiert

Entwurf und Ausführung erfolgten »nach sowjetischen Vorgaben« durch ein staatliches Planungsbüro der DDR, geleitet von Walter Lucas (1902–1968). Dieser hatte sich während des Nationalsozialismus als Architekt im Siedlungsbau und als Publizist für die NS-Architektur hervorgetan. Bis 1950 war er ohne Prozess in Bautzen interniert, wo er zuletzt die Bauabteilung und die kulturelle Betreuung der Häftlinge leitete. Mit dem Umbau des Sowjetischen Pavillons zur großen Zufriedenheit der sowjetischen Auftraggeber und der Berliner Regierungsstellen war er endgültig entnazifiziert und begann eine zweite Karriere in der DDR – ab 1954 als erster Stadtarchitekt Leipzigs.

Nach Stalins Tod wurde zuerst das Denkmal stillschweigend entfernt; zu einem unbekannten Zeitpunkt verschwanden die Mosaiken hinter Wandverkleidungen und im Winter 1977/78 musste die Fassadendekoration einer neuen schmucklosen Keramikverkleidung weichen. Das Eingangsbauwerk wird zur Zeit zum Stadtarchiv umgebaut, die Ausstellungshalle zeigt noch den Zustand von 1952.

Evangelisch-reformierte Kirche,
Tröndlinring 7, Außenansicht,
1946, Fotograf Oswald S. Eichler

Evangelisch-reformierte Kirche,
Tröndlinring 7, Innenraum nach
dem Wiederaufbau, 1950,
Fotograf Oswald S. Eichler

Evangelisch-reformierte Kirche

Bei dem Luftangriff auf Leipzig in der Nacht vom 3. auf den 4. Dezember 1943 war das Kirchenschiff der 1896 bis 1899 nach Plänen von Georg Weidenbach (1853–1928) und Richard Tschammer (1860–1929) errichteten Evangelisch-reformierten Kirche völlig ausgebrannt. Die Gemeinde, unterstützt vom Landesamt für Denkmalpflege und der Stadt Leipzig, bemühte sich hartnäckig und schließlich erfolgreich um den Wiederaufbau, damit – wie es in der Begründung hieß – im Jahre 1950 das Jubiläum »250 Jahre reformierte Gemeinde in Leipzig« begangen werden könne. Mit der Planung und Realisierung wurde der Architekt Eberhard Werner beauftragt.

Nach Schuttberäumung, Instandsetzung der eisernen Dachbinderkonstruktion, Ummantelung der tragenden Werksteinsäulen mit Eisenbeton, Erneuerung der Dachbedeckung und Verglasung der Fenster erfolgte die sehr sparsame Wiederherstellung des Innenraumes. Die Reste des Bauschmucks wurden entfernt, Wände und Gewölbe mit ungefärbtem Rauputz versehen. Zu Pfingsten 1949 feierte die Gemeinde den ersten Gottesdienst in der »neuen« Kirche.

Im Protokollbuch der Gemeinde wurde festgehalten: »Ein schönes, schlichtes Gesamtbild einer echt reformierten Predigtkirche zeigte sich dem Beschauer. Das durch die grossen Fenster einflutende Licht belebte den silbergrauen Naturputz der hohen Kirchwände, die hellblaue Rückwand des Altarplatzes ziert eine schlicht mit Eichenholz verbrämte, gemauerte Kanzel. Auf der Nordempore darüber, wo früher der große Prospekt der Orgel stand, erhebt sich ein gewaltiges Kreuz aus Holz und bildet einen weihevollen Blickpunkt. Als einziger Schmuck gilt ein aus Kreuzen zusammengesetztes schmiedeeisernes Geländer, das die Brüstung der Emporen ziert. Auf der südlichen Mittelempore steht eine kleine Hausorgel als Ersatzinstrument für eine später zu errichtende Kirchenorgel. Auf dem Altarplatz, den der schöne Altarteppich von ehedem bedeckt, steht würdig ein Abendmahltisch aus massiv Eichenholz in der Art des Abendmahltisches von Leonardo da Vinci. Die Sitzreihen im Halbkreis sind provisorisch angelegt aus einfachen Sitzbrettern ohne Lehne.«

Evangelisch-reformierte Kirche, Tröndlinring 7, Aufnahme des ausgebrannten Kirchenschiffs, 1946, Fotograf Oswald S. Eichler

Trinitatiskirche,
Theodor-Neubauer-Straße 16,
Blick zum Altar,
Architekt Otto Bartning, 1949/50

Trinitatiskirche Anger-Crottendorf

»Ich liebe diese Kirche, die Steine, die durch so viele Hände gegangen sind, herausgeholt aus dem Trümmerberg der Johanniskirche, in unendlich vielen Fuhren zum Anger gekarrt und dort gestapelt wurden. Bevor sie vermauert wurden, nahmen sie die Helferinnen und Helfer noch einmal in die Hand. Mit Sandpapier wurden sie vom letzten Mörteldreck gesäubert und erhielten jenen seidigen Glanz, der wie der rauchige Sound eines Gospelsongs ist.« [www.anger-crottendorf.de/50Jahre.htm (letzter Zugriff am 30.4.2018)]. Mit eindringlichen Worten beschrieb Pfarrer i. R. Walter Taut (1926–2011) 2010 anlässlich des 60. Jubiläums der Einweihung die Besonderheiten der Trinitatiskirche.

Die Vorgängerkirche, ein 1891 errichteter Interimsbau aus Fachwerk, der »Holzdom«, brannte am 4. Dezember 1943 vollständig aus. Mit Unterstützung des Hilfswerkes der Evangelischen Kirche gelang der Gemeinde in den Jahren 1949/50 die Errichtung eines Neubaus. Er gehört zu den 43 Notkirchen, die nach Entwürfen von Otto Bartning (1883–1959) zwischen 1947 und 1951 in Deutschland errichtet wurden – neun davon in der Sowjetischen Besatzungszone oder in der späteren DDR.

Die typisierten Bauteile der Dachkonstruktion – Binder und Holzschalung – sowie die Fenster und Türen spendete der Ökumenische Rat der Kirchen in Genf. Die Fundamente musste die Gemeinde selbst errichten und die Ziegel für das Mauerwerk beschaffen. Dazu wurden in vielen tausend Arbeitsstunden rund 250 000 Ziegel geborgen, die meisten davon aus den Trümmern der zerstörten Johanniskirche.

Mit einfachen Mitteln – dem bis zum First geöffneten hohen Innenraum, dem Rhythmus der vorgefertigten Holzbinder, einem schmalen Lichtband mit Bleiverglasung unter dem Dachansatz und dem unverputzten Trümmerziegelmauerwerk – erreichte Bartning eine ausdrucksstarke Raumwirkung.

Trinitatiskirche, Theodor-Neubauer-Straße 16, Außenansicht, Architekt Otto Bartning, 1949/1950, Fotograf Alfons Trapp

**Mahnmal auf dem
Neuen Israelitischen Friedhof,** Straße der Deutsch-Sowjetischen Freundschaft (heute Delitzscher Straße) 224, 1961, Fotograf Gerhard Hopf

Neuer Israelitischer Friedhof

Während der Pogromnacht vom 9. auf den 10. November 1938 wurde die 1927/28 von Wilhelm Haller (1884–1956) errichtete Feierhalle des Neuen Israelitischen Friedhofes an der Delitzscher Straße beschädigt. Während die Seitenflügel des Gebäudes zerstört wurden, blieb die eigentliche Feierhalle unversehrt. Dennoch ließ die nationalsozialistische Stadtverwaltung den Kuppelbau im Februar 1939 sprengen, das Gelände einebnen und buchstäblich Gras darüber wachsen.

Seit 1946 plante die Israelitische Religionsgemeinde die Errichtung eines Mahnmals zur Erinnerung an die ermordeten Leipziger Juden, doch kam das Projekt eines schlichten Memorialbaus nicht zustande – auch weil die Stadtverwaltung die Zuteilung des erforderlichen Baumaterials ablehnte. Fünf Jahre später, am 8. Mai 1951, wurde ein Gedenkstein nach dem Entwurf von Hanns Degelmann (1892–?) eingeweiht. Das einem Sarkophag nachempfundene Monument aus Steinquadern trägt u. a. auf Hebräisch und Deutsch die Inschrift: »Höret doch ihr Völker alle und sehet meinen Schmerz.«

Erst nach Stalins Tod konnte die Gemeinde mit staatlicher Unterstützung in den Jahren 1953/54 nach den Plänen von Walther Beyer eine neue Feierhalle errichten. Der bescheidene Bau steht auf den Fundamenten der zerstörten Feierhalle und wurde am 9. November 1955 übergeben.

Trauerhalle des Neuen Israelitischen Friedhofs an der Delitzscher Straße, 1928 (aus: Reimann, Max: Wilhelm Haller, 1930, S. 6)

Trauerhalle des Neuen Israelitischen Friedhofs an der Delitzscher Straße, um 1988, Fotograf Gerhard Hopf

Wiederaufbau des Hauptbahnhofes

Die 265 Meter lange Querbahnsteighalle des 1915 vollendeten Hauptbahnhofes war eine architektonische und konstruktive Meisterleistung. Sechs monumentale Bögen zwischen Querbahnsteig und Längsbahnsteigen trugen die Last einer gewölbten Hallendecke aus Stahlbeton und bestimmten den Raumeindruck. Wie bei einer Brücke stützten große Widerlager auf jeder Seite diese Bogenreihe. Diese Konstruktion hatte allerdings den Nachteil, dass schon das Versagen eines Bogens den Einsturz der Halle nach sich zog, womit zur Erbauungszeit niemand rechnen konnte, was bei dem Luftangriff im Juli 1944 dann aber tatsächlich geschah.

Nachdem schon 1951 der originalgetreue Wiederaufbau der Westhalle und die Rekonstruktion ihrer vollständig zerstörten Fassade abgeschlossen waren, beschloss die Regierung der DDR im Jahre 1954 die Wiederherstellung der Querbahnsteighalle. Die Schwierigkeit bestand darin, eine geeignete Konstruktion zu finden, die beim Versagen einzelner Teile die Stadtfestigkeit der übrigen Bögen gewährleistete, wobei die vorhandenen Fundamente genutzt und der Raumeindruck mit der großen Bogenfolge und gewölbter Decke wiedergewonnen werden sollten. Hierfür ließ das Entwurfs- und Vermessungsbüro der Deutschen Reichsbahn im Jahr 1954 insgesamt 13 verschiedene Varianten untersuchen.

Nach dem zur Ausführung bestimmten Projekt wurden auf den alten Fundamenten sechs Pfeiler aus Betonfertigteilen errichtet; Zugstangen in den Wandfeldern über den Bögen sichern die Standfestigkeit der Bogenreihe, auch wenn eine Bogenhälfte ausfallen sollte. Die Dachkonstruktion besteht nicht mehr aus Stahlbeton, sondern aus leichteren Stahlträgern, an die die innere Hallendecke aus dünnem Putz auf einem Drahtgeflecht angehängt ist. Die Oberlichter erhielten ein größeres Format, die Gliederung wurde vereinfacht.

Der Wiederaufbau des Leipziger Hauptbahnhofes über einen Zeitraum von fast zwanzig Jahren gehört zu den bedeutendsten Wiederaufbauleistungen in der DDR.

◂ **Hauptbahnhof,** Georgiring (heute Willy-Brandt-Platz) 5, Querbahnsteighalle nach Westen, 1975, Fotograf Herbert Lachmann

Hauptbahnhof, Georgiring (heute Willy-Brandt-Platz) 5, zerstörte Westhalle, um 1944, Fotograf Friedrich-August Stenzel

Hauptbahnhof, Georgiring (heute Willy-Brandt-Platz) 5, zerstörte Querbahnsteighalle, 1945

Hauptbahnhof, ▶ Georgiring (heute Willy-Brandt-Platz) 5, Wiederaufbau des Daches über der Querbahnsteighalle, Fotograf Herbert Lachmann

Wohnbauten an der Straße der III. Weltfestspiele (heute Ranstädter Steinweg), Kollektiv um Heinz Auspurg und Walther Lucas, 1950–1952, 1952

Neubauten am Ranstädter Steinweg/ Straße der III. Weltfestspiele

Der Ranstädter Steinweg verband die Innenstadt mit der Westvorstadt und zählte zu den Hauptverkehrsstraßen Leipzigs. Die geplanten Sportanlagen auf den Frankfurter Wiesen und die Deutsche Hochschule für Körperkultur steigerten die Bedeutung zusätzlich und nach dem Demonstrationsplan sammelten sich hier die Marschkolonnen aus den westlichen Stadtteilen. Anlässlich der III. Weltfestspiele der Jugend und Studenten in Berlin erhielt der Ranstädter Steinweg im April 1951 den Namen »Straße der III. Weltfestspiele«.

Die Ranstädter Vorstadt und das Naundörfchen waren bis zu ihrer weitgehenden Zerstörung im Zweiten Weltkrieg durch eine sehr dichte Bebauung mit Wohnhäusern, Läden, Handwerksbetrieben und Geschäftsräumen geprägt, die überwiegend aus dem 18. und frühen 19. Jahrhundert stammte. Nach der Trümmerberäumung bot sich hier eine große freie Baufläche; lediglich auf der Nordseite mussten bestehende Gebäude einbezogen werden.

Um den Wiederaufbau der Stadt an prominenter Stelle sichtbar zu machen, entschied die Stadtverwaltung, den ersten größeren Wohnkomplex der Nachkriegszeit im Rahmen des Sonderbauprogrammes »Aufbau der Städte 1951« an der Straße der III. Weltfestspiele zu errichten. Die neue Straßenbreite wurde auf 43 m festgelegt, eine geplante Fortsetzung bis zum Waldplatz kam nie zur Ausführung.

Das Dezernat Aufbau griff dabei Planungen der »Altstadtgesundung« aus den dreißiger Jahren auf. Schon damals sollte nach dem Abbruch der historischen Bebauung an einem verbreiterten Ranstädter Steinweg eine mehrgeschossige Wohnbebauung errichtet werden. Auch in ihrer architektonischen Fassung folgten die Wohnhäuser Leitbildern der dreißiger und vierziger Jahre. Erker mit künstlerischem Schmuck am jüngeren Bauabschnitt auf der Nordseite sind eine erste Reaktion auf die im Juli 1950 verabschiedeten »16 Grundsätze des Städtebaus«.

In den 17 fünfgeschossigen Häusern entstanden 228 Zwei- und Dreiraumwohnungen. Von Anfang an war das Baugeschehen von einer starken Propaganda begleitet. Die Grundsteinlegung und das Richtfest hatten den Charakter politischer Massenveranstaltungen. An der Baustelle informierten Schaukästen über die Wohnungen, im Stadtgeschichtlichen Museum waren Pläne und Modelle ausgestellt, gleichzeitig wurde eine Musterwohnung in originaler Größe eingerichtet.

Wohnbauten an der Straße der III. Weltfestspiele (heute Ranstädter Steinweg), Besichtigung der Neubauten: Ausstellung eingerichteter Wohnungen, 1952, Fotograf Alfred Gruber

Tagung des Preisgerichts für den Wettbewerb zum Neubau der Deutschen Hochschule für Körperkultur, 4. August 1951, Fotograf Walter Heilig

Neubeginn

Unmittelbar nach einem Besuch führender Architekten und Politiker der DDR in der Sowjetunion fasste die Regierung im Juli 1950 den Beschluss über »16 Grundsätze des Städtebaus«, die die baupolitische und ästhetische Doktrin der folgenden Jahre bildeten. Im Gegensatz zu den »aufgelockerten«, »autogerechten« Stadt- und Aufbaukonzepten in der Bundesrepublik sollte das Ziel des Städtebaus in der traditionellen, von großer Hand komponierten und auf das Zentrum orientierten Stadt bestehen. Im Zentrum – so hieß es – befänden sich die wichtigsten politischen, administrativen und kulturellen Stätten, die monumentalsten Gebäude, seine Bebauung bestimme die Silhouette der Stadt.

Der 14. Grundsatz des Städtebaus forderte, dass die künftige Architektur in der DDR der Form nach »national« und in ihrem Inhalt »demokratisch« sein müsse. Der von den Architekten verlangte Bezug auf die deutsche Bautradition richtete sich vor allem gegen die internationale Moderne in Westeuropa und den USA, die nach der NS-Diktatur das Leitbild für den Wiederaufbau in der Bundesrepublik bildete. Die SED-Führung deklarierte den Rückgriff auf das historische Erbe als Beitrag für die Erhaltung der kulturellen Einheit Deutschlands. Sie forderte eine spezielle Form des Historismus, die von Ort zu Ort eine unterschiedliche stilistische Färbung annahm. Die ab 1953 nach dem Muster der Berliner Stalinallee errichtete Wohnbebauung am Roßplatz mit dem neobarocken Fassadendekor war der erste Abschnitt beim Ausbau des Promenadenrings nach den Prämissen der »16 Grundsätze des Städtebaus«.

Trotz offizieller Distanz zur Politik und Kultur des Deutschen Kaiserreiches und der auch unter Architekten verbreiteten Ablehnung des Historismus wurden seine baulichen Leistungen bis etwa 1960 in Leipzig sehr geschätzt. Nach Kriegsende sind zahlreiche beschädigte Gebäude aus dem Kaiserreich mit Sorgfalt in den gestalterischen Details wieder aufgebaut worden und bildeten den Maßstab für die Neubebauung des Promenadenrings.

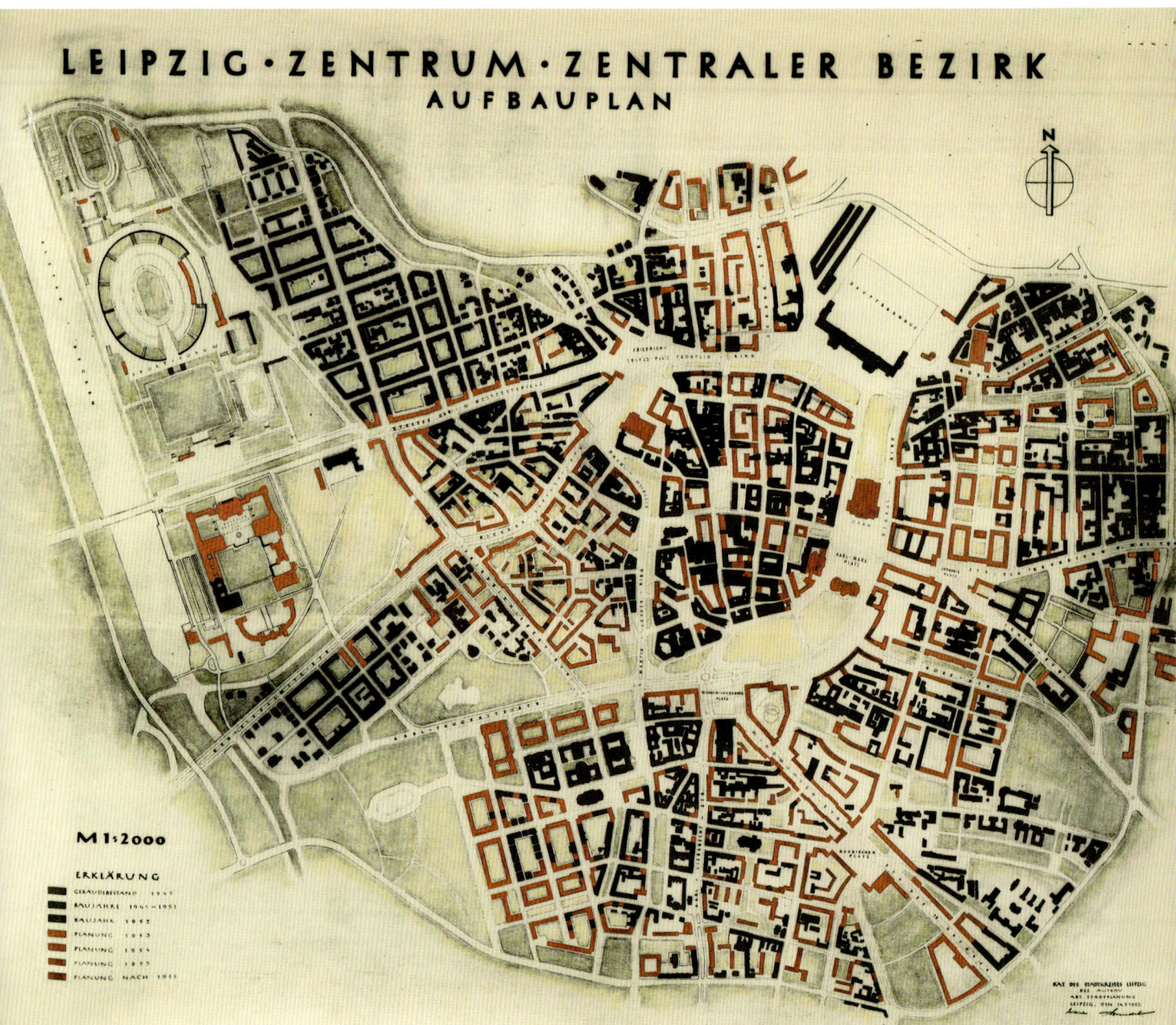

Magistrale und Zentraler Platz

Ein unverzichtbares Element aller künftigen Stadtzentren in der DDR bildeten die Magistrale, die Hauptstraße der Stadt, und der Zentrale Platz für die politischen Manifestationen, für Feiern und Volksfeste. Der Zentrale Platz war für gesellschaftliche Bauten reserviert und bestimmte die architektonische Komposition des Stadtzentrums. Der Karl-Marx-Platz entsprach hinsichtlich der Lage, seiner Größe und seiner Funktion im Stadtbild diesen Anforderungen. Seine Bebauung nahm mehr als drei Jahrzehnte in Anspruch, vom Baubeschluss zum Opernhaus 1950 bis zur Einweihung des Gewandhauses 1981, und zeigt alle Facetten von Architektur und Städtebau in der DDR. Ebenso konnte der Promenadenring zur Magistrale, dem Raum für »fließende« Demonstrationen ausgebaut werden. Im Unterschied zu anderen Städten blieben Leipzig dadurch Veränderungen am Stadtgrundriss erspart.

Der weitgehend zerstörte südliche und östliche Abschnitt des Promenadenrings bildete einen Schwerpunkt der Wiederaufbauplanung. Dabei besaß das 1927 von Hubert Ritter (1886–1967) entwickelte Konzept einer Ring-City – gedacht als Kranz von Hochhäusern um den Altstadtkern – auch für den künftigen Ausbau zur sozialistischen Magistrale starke Anziehungskraft, denn es ließ sich mit neuen Inhalten füllen. Zukünftig sollten nicht Geschäfts- und Messehäuser, wie in der älteren Planung, sondern Wohngebäude das Gesicht des Ringes prägen. Die monumentale Ausgestaltung des Promenadenrings begann 1953 nach dem Muster der Berliner Stalinallee mit der Ringbebauung am Roßplatz. Die machtvolle Geste des sieben- und zehngeschossigen Ringsegments und die reiche Verwendung von Travertin gaben dem Wunsch nach Dauerhaftigkeit – der Bauten wie der Gesellschaft – Ausdruck, während der Fassadendekor den Anschluss an die Leipziger Bautradition herstellen sollte. Großstädtische Atmosphäre schufen die Läden in den Erdgeschossen und das opulent ausgestattete Ring-Café mit über achthundert Plätzen auf zwei Etagen. Drei städtebauliche Wettbewerbe in den Jahren zwischen 1952 und 1954 für die weiteren Bauabschnitte blieben ohne Folgen, weil sich die Planinhalte ständig änderten.

Die Wilhelminischen Geschäftshäuser, Banken und öffentlichen Gebäude am Karl-Marx-Platz sowie im weniger stark beschädigten Nord- und Westabschnitt des Promenadenrings bildeten mit ihrem konventionellen Erscheinungsbild wichtige Bausteine bei der Bewahrung der lokalen und damit der nationalen Eigenart des Stadtbildes. Gleichzeitig ließ sich der repräsentative Charakter dieser Architektur für eigene politische Zwecke nutzen – so erhielt das 1894–1896 erbaute Grassimuseum mit dem Umbau zum Konstruktions- und Ingenieurbüro Chemie eine neue Bestimmung.

Demonstrationsplan, Dezernat Aufbau, Abteilung Stadtplanung, 14. Juli 1952, Fotokopie mit farbigen Einzeichnungen

◀ **Städtebauliche Planung der Stadt Leipzig,** bestätigt vom Ministerium für Aufbau 1952, Leipzig Zentrum – Zentraler Bezirk, Aufbauplan, Dezernat Aufbau, Abteilung Stadtplanung, 14. Juli 1952, Fotokopie mit farbigen Einzeichnungen

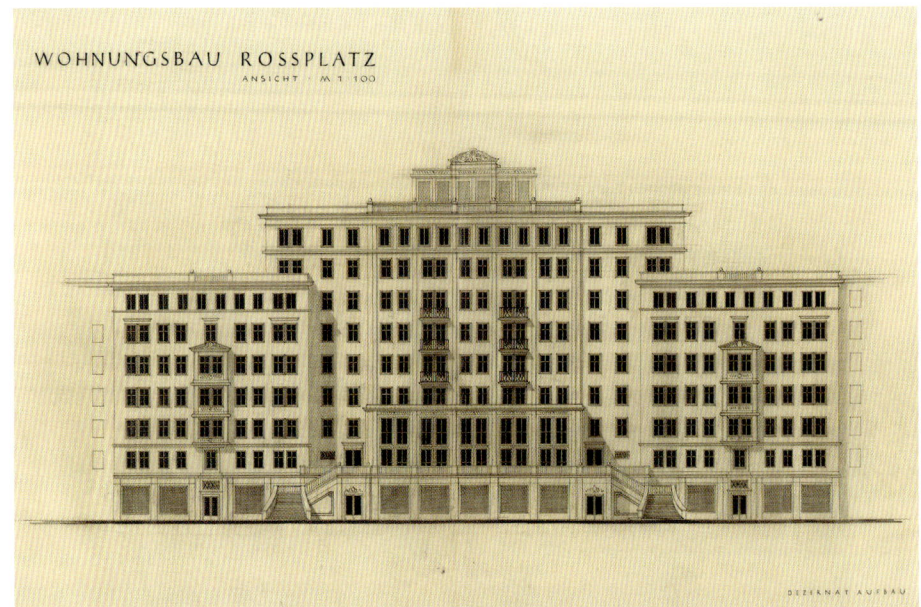

Ring-Café, Roßplatz 7,
Restaurant und Treppenaufgang, nach 1955, Fotografen Roger & Renate Rössing

Wohnungsbau am Roßplatz,
Vorentwurf, um 1952,
Dezernat Aufbau,
Tuschezeichnung

Wohnungsbau am Roßplatz,
Roßplatz 4–13, März 1956,
Fotograf Johannes Widmann

Sonderbauprogramm 1953, Wohnungsbau Windmühlenstraße, Anbauten an das alte Grassimuseum, Entwurfsbüro für Industriebau, 29. Januar 1953, Lichtpause

Im Aufbauplan für den zentralen Bezirk aus dem Jahre 1952, der auf Anforderung des Aufbauministeriums ausgearbeitet werden musste, bildete die Stadt des 19. Jahrhunderts mit ihren geschlossenen Blocks den Ausgangspunkt. Alle in den Ring einmündenden Ausfallstraßen sollten verbreitert und nach den Grundsätzen des Städtebaus neu bebaut werden. Nur der Abschnitt an der Windmühlenstraße vom Wilhelm-Leuschner-Platz zum Bayrischen Platz ist zwischen 1952 und 1965 fertiggestellt worden. An ihm lässt sich der Wandel von den Nationalen Bautraditionen zum industriellen Bauen ablesen.

Opernhaus Leipzig, Karl-Marx-Platz
(heute Augustusplatz) 12,
Architekt Kunz Nierade,
Bühnentechnik Kurt Hemmerling,
1956–1960, nach 1960

Neubau des Opernhauses

Trotz schwerer Kriegsbeschädigungen stand der Wiederaufbau des Neuen Theaters am Augustusplatz bis zu dem Regierungsbeschluss über den Neubau eines Opernhauses an dessen Stelle Ende 1949 nicht in Frage. Nur wenige Monate nach der Gründung der DDR sollte der erste Theaterneubau des neuen Staates ein besonderes politisches Gewicht erhalten.

In den folgenden Jahren verliefen zwei Konkurrenzen ergebnislos. Große Erwartungen verbanden sich im Jahr 1952 mit dem dritten Wettbewerb, den Piotr Biegański (1905–1986) und sein Warschauer Planungskollektiv mit einem neoklassischen Entwurf in der Theaterbautradition des 19. Jahrhunderts für sich entschieden. Das siegreiche Projekt sollten zuerst Friedrich Skujin (1890–1957) von der Deutschen Bauakademie, dann Kunz Nierade an die Leipziger Gegebenheiten anpassen.

Nierade legte dem Bauwerk ein von der Konstruktion unabhängiges Raster mit jeweils gleichbreiten Fensterachsen auf und holte den Entwurf damit in die Gegenwart der 1950er Jahre zurück. Während der weiteren langen Projektierungsphase verschwand bis 1958 der klassizistische Habitus des Ausgangsentwurfs. Die steinerne Schwere verlor sich unter der fast vollständigen Auflösung der Wandflächen in Fensteröffnungen. Die große Baumasse erhielt durch die Verkleidung mit hellem Elbsandstein und durch große Fenster aus schlanken Aluminiumprofilen Leichtigkeit und Transparenz.

In zahlreichen Skizzen variierte Nierade Lichtführung und Raumstimmung der Innenarchitektur. Großes Gewicht legte er auf eine Steigerung der Raumwirkung – von der dunklen Garderobenhalle bis zu dem luftigen Rangfoyer. Heitere Akzente setzen die schwingenden Treppenaufgänge oder die von gründlicher Naturbeobachtung inspirierten Lampen.

Der Theaterspezialist Kurt Hemmerling (1898–1977) stattete den Bau mit allen technischen Neuerungen aus, die im internationalen Theaterbau der fünfziger Jahre aufgekommen waren: mit einer großen Bühnenöffnung, einer drehbaren Hauptbühne bei variabler Neigung, mit geräumigen Nebenbühnen, elektrisch fahrbaren Wagensystemen und einem stufenweise versenkbaren Orchestergraben.

Opernhaus Leipzig,
Teilansicht des Zuschauerraumes,
Foto Brüggemann Leipzig

Opernhaus Leipzig,
Schaubild vom Karl-Marx-Platz,
Vorprojekt von Friedrich Skujin,
21. Januar 1954,
Lichtpause mit Tusche

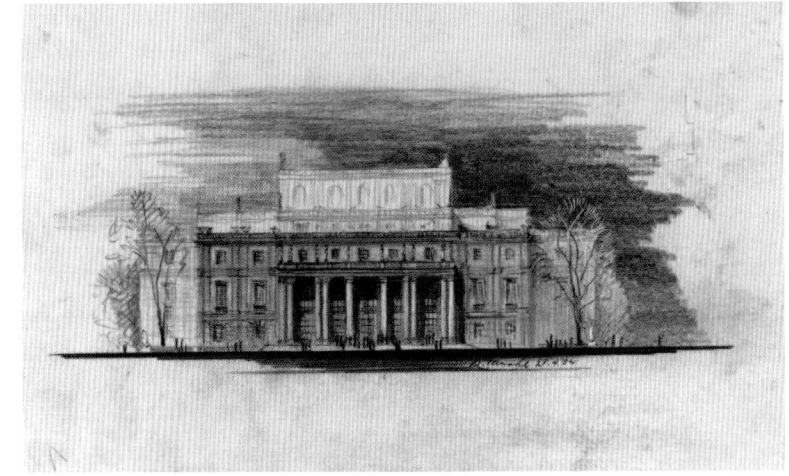

Opernhaus Leipzig,
Ansicht vom Karl-Marx-Platz,
Entwurf Kunz Nierade,
25. April 1954, Bleistiftzeichnung
mit Kreide

Opernhaus Leipzig,
Parkettfoyer,
Fotografin Helga Wallmüller

Opernhaus Leipzig,
Leuchter im Parkettfoyer,
Foto Brüggemann Leipzig

Opernhaus Leipzig,
Treppenauge mit Blick vom
Parkett- ins Ranggeschoss,
Fotografin Helga Wallmüller

Forschung und Lehre

Hochschulbauten gehörten in den fünfziger Jahren dem Umfang nach zu den wichtigsten öffentlichen Bauaufgaben in Leipzig. Für die neu gegründeten Hochschulen – die Hochschule der Deutschen Post und die Deutsche Hochschule für Körperkultur (DHfK) – wurden eigene Gebäude benötigt. Daneben entstanden Erweiterungsbauten für bestehende Bildungseinrichtungen, wie das Institutsgebäude der Hochschule für Bauwesen. Um den gestiegenen Studentenzahlen gerecht zu werden, realisierte auch die Universität, die 1953 den Namen Karl-Marx-Universität erhielt, zwischen 1951 und 1960 ein umfangreiches Bauprogramm. Dabei konzentrierten sich die Bauvorhaben vor allem auf das Medizinisch-Naturwissenschaftliche Viertel. Als Neubauten entstanden u. a. das Anatomische Institut, das Institut für Physiologie, das Physikalische und das Landwirtschaftliche Institut sowie der Erweiterungsbau des Chemischen Instituts. Das Studentenwohnheim in der Nürnberger Straße blieb unvollendet. Außerhalb des Universitätsviertels liegt die 1952 bis 1954 erbaute Arbeiter- und Bauernfakultät.

Institut für Physiologie der Karl-Marx-Universität Leipzig, Liebigstraße 27, Treppenhaus, um 1960

Die teils in herkömmlichem Ziegelmauerwerk, teils als Stahlbetonkonstruktion ausgeführten Institutsbauten changieren zwischen Tradition und Moderne: neoklassizistische Bauformen wechseln unvermittelt mit Motiven aus dem Repertoire der zeitgenössischen internationalen Architektur. Zeittypisch ist die reiche Verwendung von Natur- und Kunststeinen unterschiedlicher Färbung, charakteristisch ist ebenso ein großzügiges Raumprogramm, wobei strikt zwischen Lehrräumen und Forschungseinrichtungen getrennt wurde. Hervorzuheben sind die gut belichteten und eleganten Foyers und Treppenhäuser, die Transparenz und Leichtigkeit vermitteln, sowie die bildkünstlerische Ausgestaltung der Gebäude.

Im Norden der Stadt an der Permoserstraße entstanden für zwei der Akademie der Wissenschaften angegliederte Institute, das Institut für angewandte Radioaktivität (1956–1959) und das Institut für stabile Isotope (1959–1964) Gebäude in moderner Formsprache. Die kubischen Baukörper werden durch das gleichmäßige Raster ihrer Konstruktion gegliedert. Das Institut für angewandte Radioaktivität besteht aus einem »aktiven« Bereich mit kernchemischen und kernphysikalischen Labors und einem »inaktiven« Gebäudeteil mit Büro- und Seminarräumen. Zum Institut für stabile Isotope gehört ein 40 Meter hoher Turm zur Trennung von Isotopen. In den Foyers beider Institute befinden sich Wandbilder des Berliner Malers Bert Heller (1912–1970). Sein Mosaik »Kernspaltung« zeigt die Formel der Uranspaltung umgeben von den vier Elementen.

◄ Anatomisches Institut der Karl-Marx-Universität Leipzig, Liebigstraße 13, Ansicht von der Nürnberger Straße, 1956, Fotografen Rössing & Winkler

Anatomisches Institut der Karl-Marx-Universität Leipzig, Liebigstraße 13, Mikroskopiersaal, nach 1956

Physikalisches Institut der Karl-Marx-Universität Leipzig, Linnéstraße 5, Architekten Rudolf Lossner, Wolfgang Geißler, Günter Seltz und Joachim Ullrich, 1951–1956, 1959, Fotograf Johannes Widmann

Institut für Physiologie der Karl-Marx-Universität Leipzig, Liebigstraße 27, Architekten Wolfgang Geißler und Joachim Ullrich, 1955–1960, um 1960

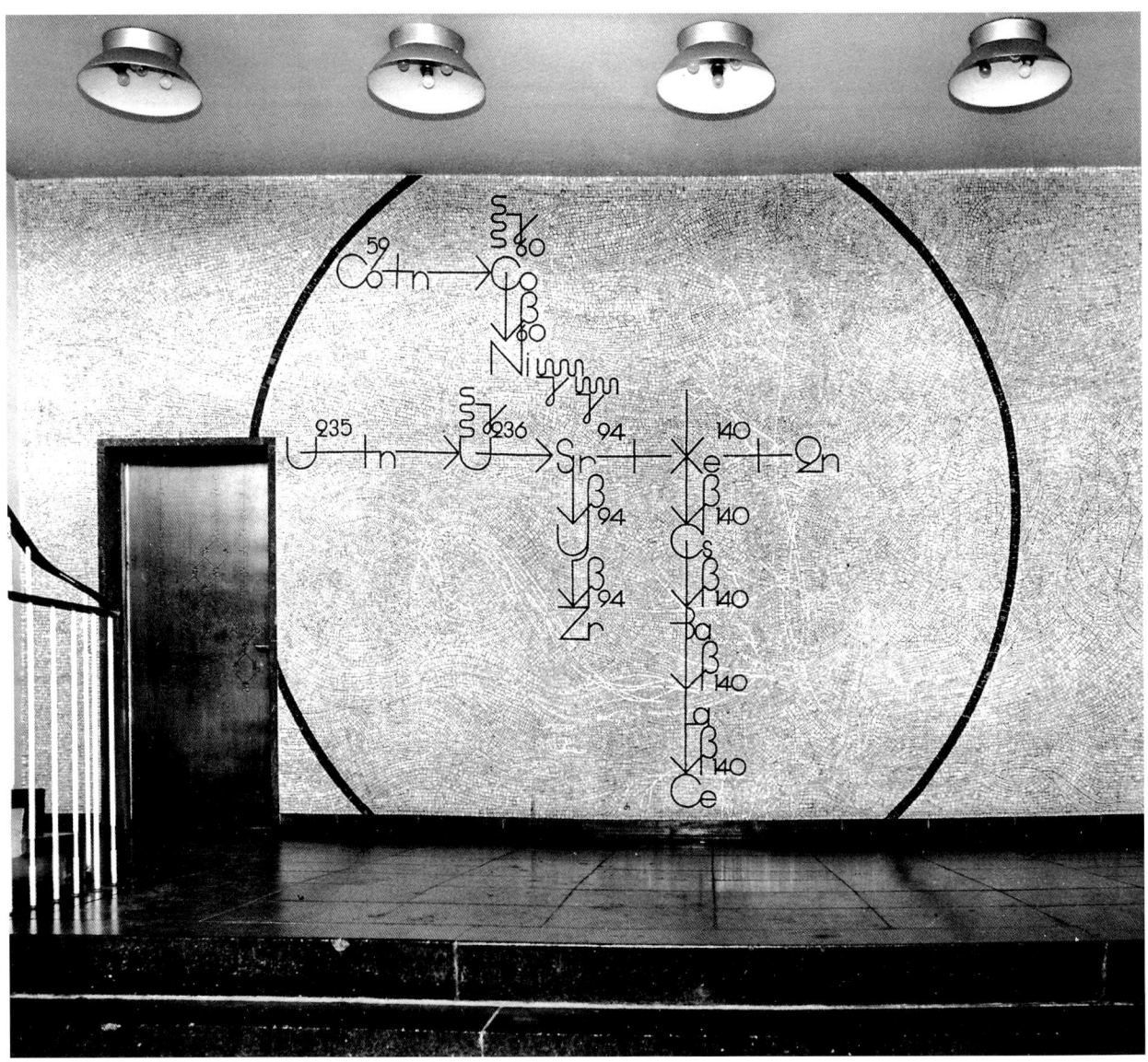

Zentralinstitut für Isotopen- und Strahlenforschung der Akademie der Wissenschaften, Permoserstraße 15,

Mosaik »Kernspaltung« von Bert Heller im Eingangsbereich, Architekten Berthold Schneider und Lothar Mothes, 1956–1959, 1979, Fotograf Herbert Lachmann

Institut für angewandte Radioaktivität, Permoserstraße 15, Architekten Berthold Schneider und Lothar Mothes, 1956–1959

Hochschule für Bauwesen, Karl-Liebknecht-Straße 132, Ansicht des Erweiterungsbaus, Architekt Hans Pape, 1958–1960, um 1960, Foto Brüggemann

Neubau
der Deutschen Hochschule für Körperkultur

Der Bau der Deutschen Hochschule für Körperkultur zählte zu den wichtigsten Repräsentationsprojekten der DDR, zugleich war er neben der Stalinallee in Berlin eines der ersten Vorhaben, bei dem die im Sommer 1950 beschlossenen »16 Grundsätze des Städtebaus« Anwendung finden sollten. Walter Ulbricht (1893–1973) selbst gehörte der Wettbewerbsjury an und stellte im Laufe des Verfahrens konkrete Forderungen an die Architekten.

Nach den Plänen des siegreichen Entwurfs von Hanns Hopp (1890–1971) und Kunz Nierade umgaben Sporthallen, Hörsäle, Klinik und Internat symmetrisch angeordnet einen langgestreckten Ehrenhof. Das Hauptgebäude mit dem Auditorium Maximum war an der heutigen Jahnallee geplant und auf das gegenüberliegende Sportforum ausgerichtet. Im ersten Bauabschnitt entstanden zwischen 1952 und 1957 sechs Sporthallen und zwei Hörsäle. Ihre Schauseiten waren zum Elsterflutbecken orientiert, wobei sich die Hallenbauten wirkungsvoll auf dem leicht abfallenden Ufer über den Gartenanlagen des unvollendeten Richard-Wagner-Denkmals erhoben.

Sichtbaren Ausdruck fanden die Grundsätze des Städtebaus in der Orientierung an Leitbauten der Architekturgeschichte, wie Karl Friedrich Schinkels (1781–1841) Berliner Schauspielhaus, in der Symmetrie der Gesamtanlage der Hochschule, ihrem neuklassizistischen Dekor, der handwerklichen Ausführung und dem verschwenderischem Umgang mit Naturstein. Der Außenbau erlaubt indes keinerlei Rückschlüsse auf die Funktion der Innenräume, und im Inneren wird die Stahlkonstruktion der Hallen unter filigranem Dekor verborgen. Das 1962/63 an Stelle des Auditorium Maximum in neuartiger Montagebauweise errichtete Sportmedizinische Institut knüpft mit seiner Rasterfassade wieder an die internationale Entwicklung an. Bei dem gleichzeitig erbauten östlichen Institutsflügel hielt man jedoch an den Plänen von Hopp und Nierade fest und errichtete eine Kopie des westlichen Flügels um die Symmetrie an der Straßenansicht zu wahren.

◀ Deutsche Hochschule für Körperkultur Leipzig (DHfK), Straße der III. Weltfestspiele, ab 1956 Friedrich-Ludwig-Jahn-Allee (heute Jahnallee), Architekten Hanns Hopp und Kunz Nierade, 1952–1957, Vogelperspektive von Nordosten, Modellfoto

Deutsche Hochschule für Körperkultur Leipzig (DHfK), heute Jahnallee, Entwurf zum Portal an der Westseite der großen Sporthalle, Entwurfsbüro für Hochbau Berlin, Meisterwerkstatt Prof. Hanns Hopp, 12. November 1953, Fotokopie

Deutsche Hochschule für Körperkultur (DHfK) Leipzig, heute Jahnallee, Detailansicht einer Lampe in der Gymnastikhalle, Foto Brüggemann

Deutsche Hochschule für Körperkultur (DHfK) Leipzig, heute Jahnallee, Turnhalle, Foto Brüggemann

Deutsche Hochschule für Körperkultur (DHfK) Leipzig, heute Jahnallee, Entwurfsansicht eines Treppenhauses, Fotokopie

Deutsche Hochschule für Körperkultur (DHfK) Leipzig, heute Jahnallee, Entwurfsansicht eines Hörsaales von Edgar Schumacher, 25. Februar 1954, Fotokopie

Sportforum,
Zentralstadion, Friedrich-Ludwig-Jahn-Allee (heute Jahnallee), Architekt Karl Souradny und Kollektiv, 1954–1956, 1956

Sportforum

Das Sportforum auf den Frankfurter Wiesen am Elsterflutbecken bildete zusammen mit der gleichzeitig errichteten Deutschen Hochschule für Körperkultur den Mittelpunkt des sportlichen Lebens in der DDR.

Die Überlegungen für einen Stadionbau an dieser Stelle reichen bis in die zwanziger Jahre zurück; im Jahre 1938 beauftragte die Stadt Leipzig den Architekten des Berliner Reichssportfeldes Werner March (1894–1976) mit Plänen für ein Stadion auf den Frankfurter Wiesen. Im gleichen Jahr wurde die Aufmarschwiese (heute Festwiese) vor dem Stadion fertiggestellt. Nach Kriegsende wurden die Pläne zugunsten eines Wallstadions modifiziert, für das mit 1,5 Mio. m³, fast ein Drittel der Trümmermasse der Stadt, aufgeschüttet worden ist. Die Arbeiten begannen im Frühjahr 1955 und sollten bis zum II. Deutschen Turn- und Sportfest im Sommer 1956 fertiggestellt sein. In weniger als 18 Monaten wurde das »Stadion der Hunderttausend« (später »Zentralstadion«) in vielen tausend Stunden freiwilliger Arbeit mit zumeist einfacher Technik errichtet.

Das am 4. August 1956 eingeweihte Stadion war das größte in Deutschland und eines der größten weltweit. Der Glockenturm, schon Bestandteil der Planungen der späten dreißiger Jahre, erhielt den Namen des von den Nazis ermordeten Arbeitersportlers Werner Seelenbinder (1904–1944); die Flamme über dem Glockenstuhl sollte »Symbol des Kampfes um die Einheit und Freiheit im deutschen Sport und um ein einheitliches, friedliebendes, demokratisches Deutschland« sein.

Sportforum, Zentralstadion, heute Jahnallee, Pressetribüne, 1955/56

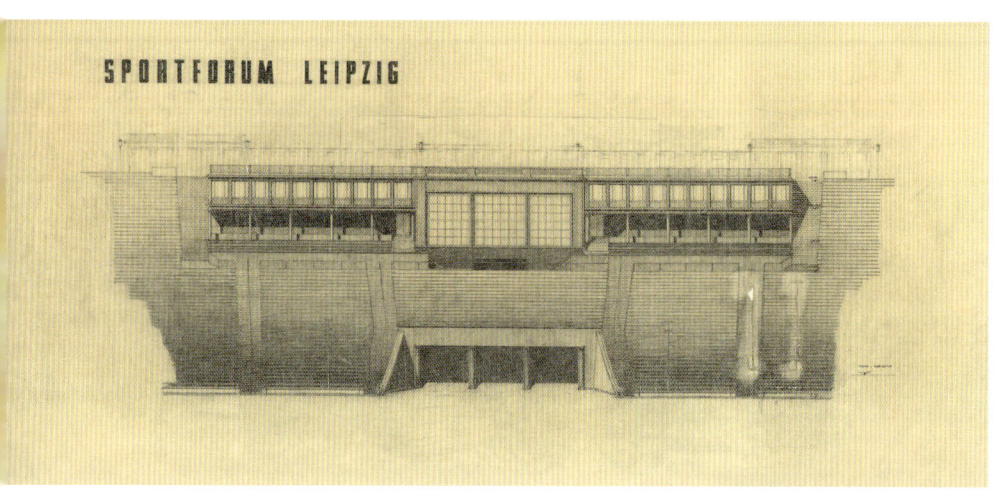

Sportforum,
Pressetribüne, Ansicht von
Westen, Entwurfsbüro für
Hochbau III, November 1956,
Tusche- und Bleistiftzeichnung

Sportforum,
Schwimmstadion,
Architekt Karl Souradny und
Kollektiv, 1950/51, 1952

Sportforum Leipzig,
Hauptgebäude,
Ansicht von Osten,
Entwurfsbüro für Hochbau III,
November 1956,
Tusche- und Bleistiftzeichnung

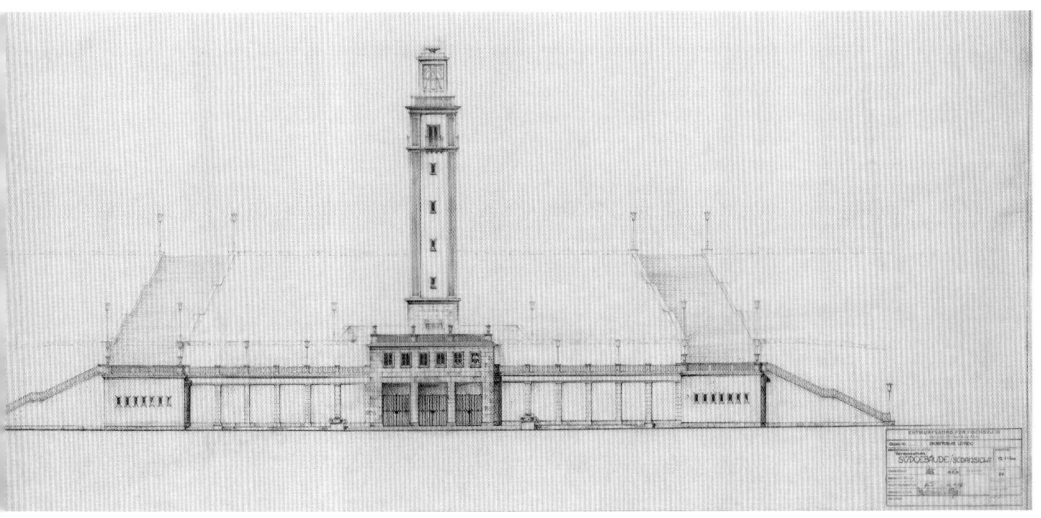

Sportforum Leipzig,
Zentralstadion,
Südgebäude mit Glockenturm,
Entwurfsbüro für Hochbau III,
November 1956,
Tusche- und Bleistiftzeichnung

Wohngebiet Dunckerstraße, Architekten Heinz Auspurg, G. Batteraux, Adam Bugner und Martin Weber, 1953–1956, 1959, Fotografen Renate und Roger Rössing

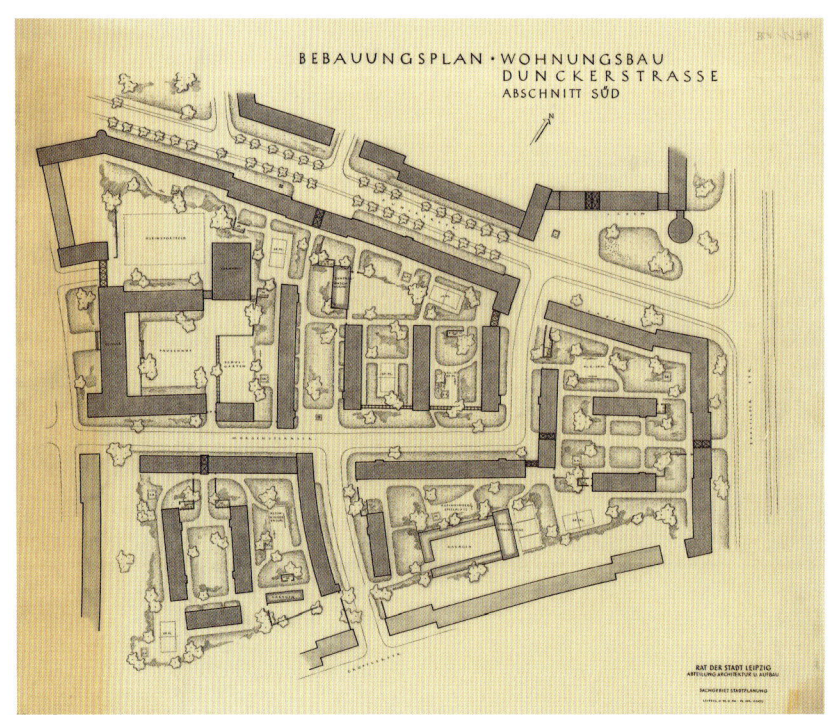

Wohngebiet Dunckerstraße, Bebauungsplan für den Abschnitt Süd, Rat der Stadt Leipzig, Abt. Architektur und Aufbau, Sachgebiet Stadtplanung, 12. Februar 1954, Tusche- und Bleistiftzeichnung

Wohnen

Der Wiederaufbau in den fünfziger Jahren bedeutete vor allem den Neubau von Wohnungen. Als Ergänzung eines größeren Siedlungsgebietes aus der Weimarer Republik entstand zwischen 1953 und 1956 entlang der Dr.-Hermann-Duncker-Straße in Lindenau der erste Wohnkomplex nach den Prämissen der »16 Grundsätze des Städtebaus«. Neben den 1068 Wohnungen gehörten auch ein Kindergarten, Läden, eine Post sowie eine Bücherei zum Bauprogramm. Besondere Sorgfalt lag auf einer abwechslungsreichen Raumbildung und auf der gärtnerischen Gestaltung der Wohnhöfe.

An der Einmündung zur Saalfelder Straße weitete sich die Hauptstraße zu einem Platz. Hier befand sich der Mittelpunkt des neuen Wohnkomplexes mit Läden und einem Verkaufspavillon.

Neben der Errichtung geschlossener Neubauquartiere sah die Wiederaufbauplanung bis etwa 1960 Lückenschließungen in den Stadterweiterungsgebieten des 19. Jahrhunderts vor. Der Bebauungsvorschlag für einen Straßenabschnitt an der Artur-Hoffmann-Straße dokumentiert den Versuch, mit der neuen Blockbauweise durch Variation der Baufluchten und wechselnde Gebäudelängen auf dem historischen Stadtgrundriss einen aufgelockerten Stadtraum zu schaffen.

Die 1957 fertiggestellten Wohnhäuser der Arbeiterwohnungsbaugenossenschaft »Polygraph« wurden erstmals in Großblockbauweise (Laststufe 0,75 Megapond) hergestellt.

Der im Kollektiv von Horst Krantz im VEB Hochbauprojektierung I entwickelte Wohnhaustyp erbrachte Einsparungen sowohl bei der Projektierung als auch bei der Bauausführung. Die aus wenigen Grundelementen bestehenden zwei-, drei- und vier-Raumwohnungen konnten zu beliebig langen Wohnblöcken aneinandergereiht werden. Das neungeschossige Hochhaus Arthur-Hoffmann-Straße 111 bildete eine städtebauliche Dominante und war Bestandteil des Wohngebietszentrums. Nach Süden schloss sich eine kurze Ladenzeile an.

BEBAUUNGSVORSCHLAG
FÜR ARBEITERWOHNUNGSBAUGENOSSENSCHAFTEN IN LEIPZIG - SÜD

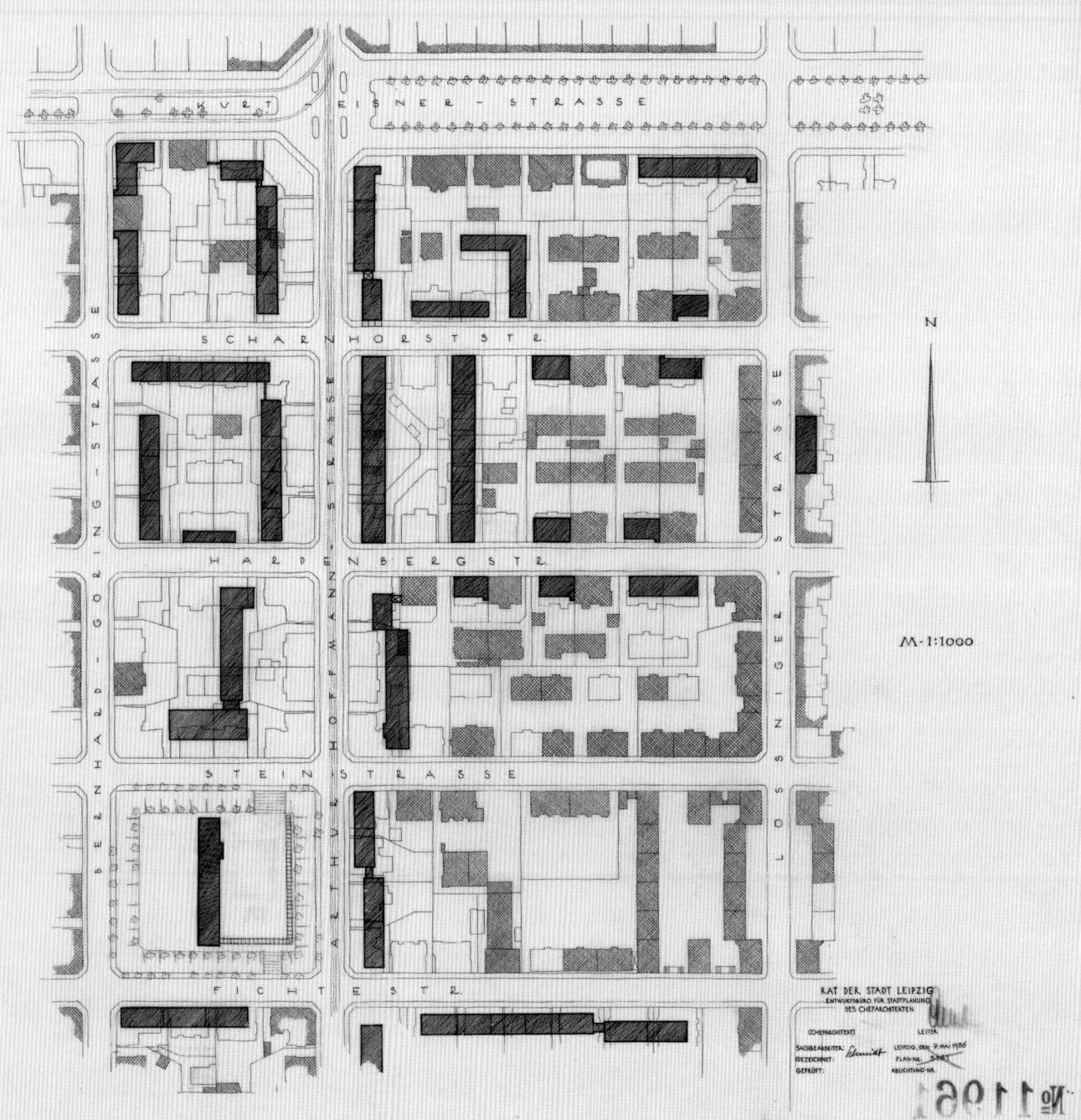

M 1:1000

Ausstellung »Mehr Wohnungen«

Vom 22. Dezember 1957 bis zum 26. Januar 1958 zeigte der Rat der Stadt Leipzig in der Unteren Wandelhalle des Neuen Rathauses die Ausstellung »Mehr Wohnungen«. Gemäß der Forderung des 38. Plenums des Zentralkomitees der SED durch Typisierung und Mechanisierung besser, schneller und billiger zu bauen, sollten standardisierte Ein-, Zwei- und Zweieinhalbzimmerwohnungen errichtet werden. Die knappen Wohnflächen (24 qm, 32 qm, 58 qm) verlangten auch von der Möbelindustrie neue Lösungen. Die gut besuchte Ausstellung zeigte Möblierungsvarianten für Wohnungen für Junggesellen, Paare und Familien sowie geplante Wohnungsbaustandorte.

◀ Bebauungsvorschlag für Arbeiterwohnungsbaugenossenschaften in Leipzig-Süd, Entwurfsbüro für Stadtplanung des Chefarchitekten, 7. Mai 1956, Tuschezeichnung

Wohnhochhaus
Arthur-Hoffmann-Straße 111, nach 1960

Wohnbauten der Arbeiterwohnungsbaugenossenschaft (AWG) »Polygraph«,
Arthur-Hoffmann-Straße 109,
Eingangsbereich, Mai 1959,
Fotograf Johannes Widmann

Wohnhaus Typ »Krantz«,
verschiedene Standorte,
Kollektiv um Horst Krantz,
1956, 1958,
Fotograf Manfred Schurig

Vorschläge zur Möblierung,
Fotograf Johannes Lindner

Die moderne sozialistische Stadt

Nach dem Kurswechsel in der Baupolitik der Sowjetunion stellte die 1. Baukonferenz im April 1955 auch in der DDR die Weichen neu und schuf die Voraussetzungen für die Einführung der Typenprojektierung und industrieller Bauweisen. Die schon bald darauf als »Große Wende im Bauwesen« apostrophierte Abkehr vom Dogma der Nationalen Bautraditionen war mit der Rehabilitierung moderner Bauformen und erneuerten Bezügen zur internationalen Entwicklung in der Architektur verbunden.

Durch den Einsatz von Typenbauten und Montagekonstruktionen erhoffte die SED-Führung eine Verbilligung des Bauens und ein deutlich höheres Tempo. Damit schien die Möglichkeit gegeben, den Wiederaufbau der Stadtzentren in einem kurzen Zeitraum abschließen zu können.

Die neue sozialistische Stadt fand nach 1955 ihre Leitbilder nicht mehr in der Geschichte, sondern in offenen Stadträumen und schmucklosen Fassadenrastern, wobei vor allem jüngere Architekten diesen Wandel als befreiend empfanden.

In den Beschlüssen des V. Parteitags der SED aus dem Jahr 1958 zum beschleunigten Wiederaufbau der zerstörten Stadtzentren rangierte Leipzig hinter Berlin an nächster Stelle. Bis zur 800-Jahrfeier 1965 sollte die Neubebauung des Stadtzentrums zu einem ersten Abschluss kommen.

Mit dem Ziel des beschleunigten Wiederaufbaus war die Vorgabe verbunden, die Stadt von innen nach außen neu zu gestalten. Deshalb begann der Umbau am Markt, wo der Charakter Leipzigs als Messestadt betont werden sollte. In einem zweiten Bauabschnitt entstand bis 1969 die Bebauung am Brühl und am Sachsenplatz. Nach der Einweihung des Neubaus der Karl-Marx-Universität im Jahre 1973 wurden die Arbeiten im Stadtzentrum eingestellt, eine Ausnahme bildete das 1981 vollendete Neue Gewandhauses. In den inneren Vorstädten wurde nur die Bebauung entlang der Windmühlenstraße bis zum Bayrischen Platz fertiggestellt.

LEIPZIG · KARL-MARX-PLATZ
BLICK VOM GEORGIRING AUF DAS ENSEMBLE

Karl-Marx-Platz, Blick vom Georgiring auf das Ensemble, 1968, Entwurfskollektiv Hermann Henselmann und Horst Siegel, Zeichnung Hans-Dietrich Wellner, Farbdruck

Die Abkehr vom Konzept der Nationalen Bautraditionen und die »nachgeholte Moderne« (Thomas Topfstedt) ab 1960 bedeuteten nicht, dass sich nun die Stadtbilder in Ost und West anglichen, wenn auch zunehmend Bauformen aus Westeuropa durchsickerten. Der hohe Anteil von Wohnungen bei allen innerstädtischen Projekten, die Bedeutung von Kultur- und Bildungsbauten und ein verschwenderischer Umgang mit städtischem Raum, ermöglicht durch die staatliche Verfügbarkeit, sind Eigenarten der DDR-Moderne.

Industrialisierung und Typenprojektierung förderten den Einsatz unterschiedlicher Montagekonstruktionen und brachten die für die DDR-Architektur charakteristische, bisweilen sperrige Ästhetik des Montagebaus hervor. Während die Ensembles im Stadtzentrum mit einem hohen Anteil individueller Projekte und Sonderbauten ausgeführt wurden, entstanden in den Stadtbezirken Wohnkomplexe mit begrenztem Sortiment an Typenprojekten.

Der schnelle Wandel von den Nationalen Bautraditionen zum industriellen Bauen wurde durch einen Generationenwechsel begünstigt. Die Architekten der Nationalen Bautraditionen – Heinz Auspurg (1912–2001), Walter Lucas, Rudolf Rohrer (1900–1968), Eberhard Werner u. a. – waren um 1900 geboren und durch Ausbildung oder Berufsweg mit traditionellen Bauformen vertraut. Ab 1960 besetzte eine jüngere, um 1930 geborene Generation wichtige Positionen: Horst Krantz, Wolfgang Müller (1932–1992), Horst Siegel, Rudolf Skoda (1931–2015), Johannes Schulze u. a. Sie hatten in den fünfziger Jahren studiert, die Entwicklung außerhalb der DDR beobachten und wichtige Bauten noch durch eigene Anschauung kennenlernen können.

Die Einführung der Typenprojektierung und industrieller Baumethoden provozierte die Frage nach dem künstlerischen Charakter der Architektur. Während Hermann Henselmann (1905–1995) als Projektant spektakulärer Sonderbauten eine »industrielle Baukunst« erwartete, sahen Hanns Hopp und andere Architekten das Künstlerische in der Raumbildung und Stadtkomposition, nicht mehr im einzelnen Haus. Für marxistische Architekturtheoretiker wie Lothar Kühne (1931–1985) oder Bruno Flierl war die Architektur dagegen keine Gattung der Kunst, sondern die räumliche Organisation des gesellschaftlichen Lebens und spiegelte sehr genau den jeweiligen Entwicklungsstand einer Gesellschaft wider.

LEIPZIG · STADTZENTRUM UND ZENTRALER BEREICH

1. STÄDTEBAULICHE GESAMTKONZEPTION   STAND JANUAR 1970

Perspektiv- und Generalplanungen

Ende der 1950er Jahre wurde das Bild der Innenstadt von wiederaufgebauten historischen Gebäuden, von Kriegslücken, gesicherten Ruinen und zahlreichen Behelfsbauten bestimmt. Das Opernhaus stand vor der Eröffnung, am Roßplatz war der Anfang zu einer Neugestaltung des Promenadenrings gemacht, innerhalb des Stadtkerns mit dem Messehof aber nur ein einziger Neubau zur Ausführung gekommen. Chefarchitekt Walter Lucas musste 1960 einräumen, es sei in Leipzig viel, aber viel zu wenig im Stadtzentrum gebaut worden. Die SED-Führung forderte, »an Stelle des Baus von zahlreichen Messeprovisorien zum systematischen Wiederaufbau der teilzerstörten Innenstadt« überzugehen.

Der dafür nach dem V. Parteitag der SED 1958 aufgestellte neue »Perspektivplan für das Stadtzentrum« aus dem Jahr 1959 bedeutete das Ende der auf Erhaltung und Traditionswahrung orientierten Stadtplanung der Nachkriegszeit und ersetzte den Plan von 1949. Nach einem weitgehenden Abbruch der historischen Bausubstanz war die Errichtung stark aufgeweiteter Verkehrsflächen am Ring und neuer Solitäre in der Altstadt vorgesehen. »Ausgangspunkt der Stadtplanung« – so beschrieb der Stadtarchitekt Walter Lucas die Bedingungen – »ist nicht mehr der alte Bestand, seine Verbesserung und Ergänzung, sondern die Perspektive der künftigen Entwicklung. Bestimmend ist das Neue, dem das Alte sich einordnen oder Platz machen muss« [Walter Lucas: Der Aufbau des Stadtzentrums von Leipzig. In: Deutsche Architektur, Heft 9, September 1960, S. 477]. Die Deutsche Bauakademie lobte die Planung. Nun sei es möglich, erläuterte Vizepräsident Edmund Collein (1906–1992), die Prinzipien des sozialistischen Städtebaus nicht nur in dem räumlichen Ensemble des Rings anzuwenden, sondern auch den Kern der Stadt einzubeziehen.

Nach der Gründung eines Büros des Chefarchitekten (BCA) unter der Leitung von Horst Siegel im Herbst 1967 wurde bis 1970 ein neuer Generalbebauungsplan erarbeitet und im Frühjahr 1970 in einer Ausstellung in der »Leipzig-Information« der Öffentlichkeit vorgestellt. Er enthielt erstmals langfristige Zielvorgaben für die räumliche und bauliche Entwicklung der gesamten Stadt. Dabei ging das BCA davon aus, dass die »Stadtstruktur« – gemeint war die geschlossene Blockbebauung in den Stadterweiterungsgebieten des 19. Jahrhunderts – »verändert«, d. h. abgebrochen, aufgelockert und durch Neubauten ersetzt werden müsse. Jetzt bildete nicht mehr die kompakte Stadt des 19. Jahrhunderts, ihre Ergänzung und moderate Anpassung den Ausgangspunkt, wie im Plan aus dem Jahr 1952, sondern die Vorstellung aufgelockerter, »fließender« Stadträume.

◄ Prognose-Strategie-Modell für den Generalbebauungsplan 1970, Modellfoto

Modell des Stadtzentrums
mit Höhendominanten
am Promenadenring, um 1970,
Fotograf Hans Lindner

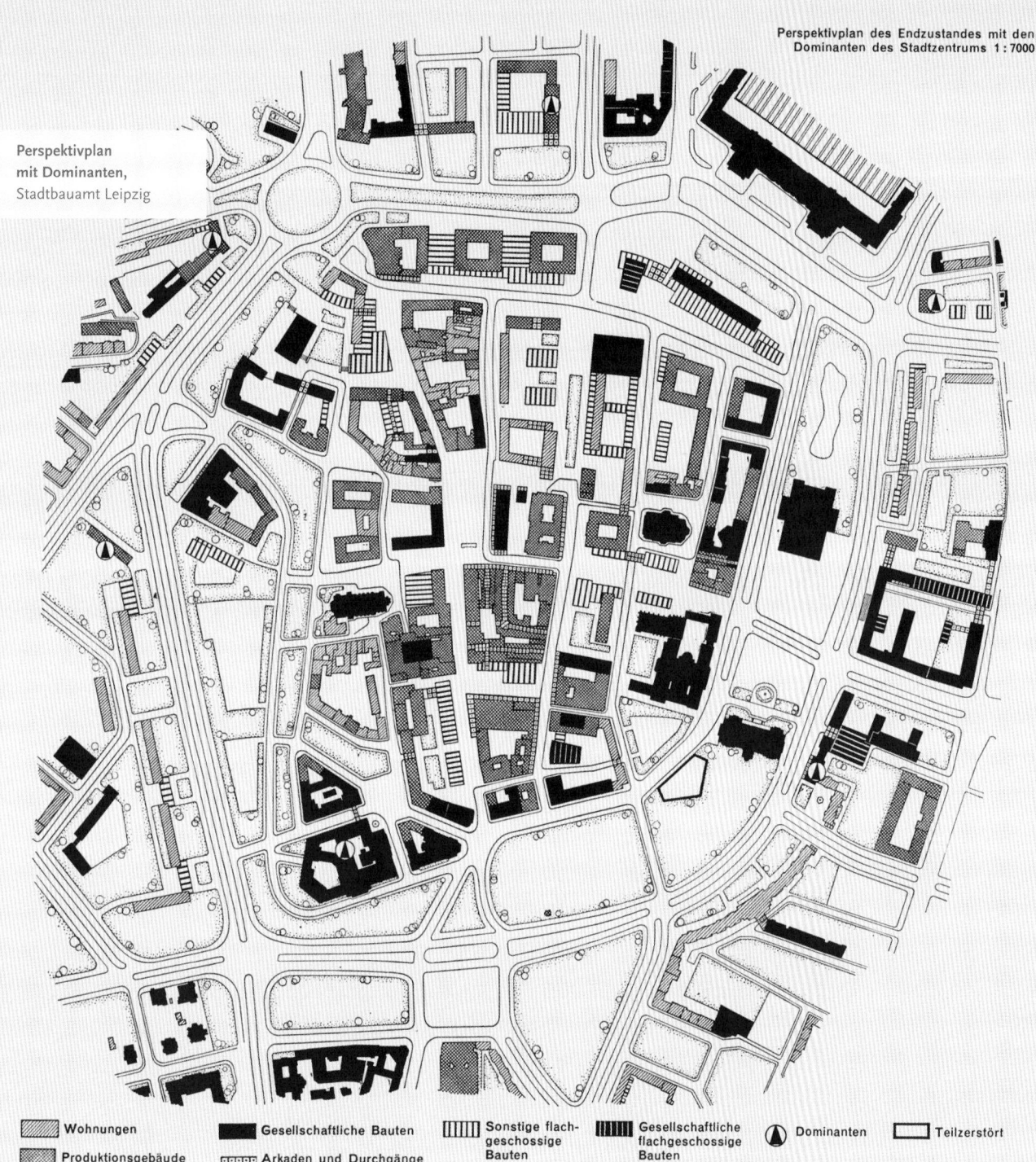

Perspektivplan des Endzustandes mit den Dominanten des Stadtzentrums 1:7000

Perspektivplan mit Dominanten, Stadtbauamt Leipzig

Wohnungen | Gesellschaftliche Bauten | Sonstige flachgeschossige Bauten | Gesellschaftliche flachgeschossige Bauten | Dominanten | Teilzerstört
Produktionsgebäude | Arkaden und Durchgänge

Leipziger Volkszeitung
vom 25. Mai 1968,
Sonderbeilage

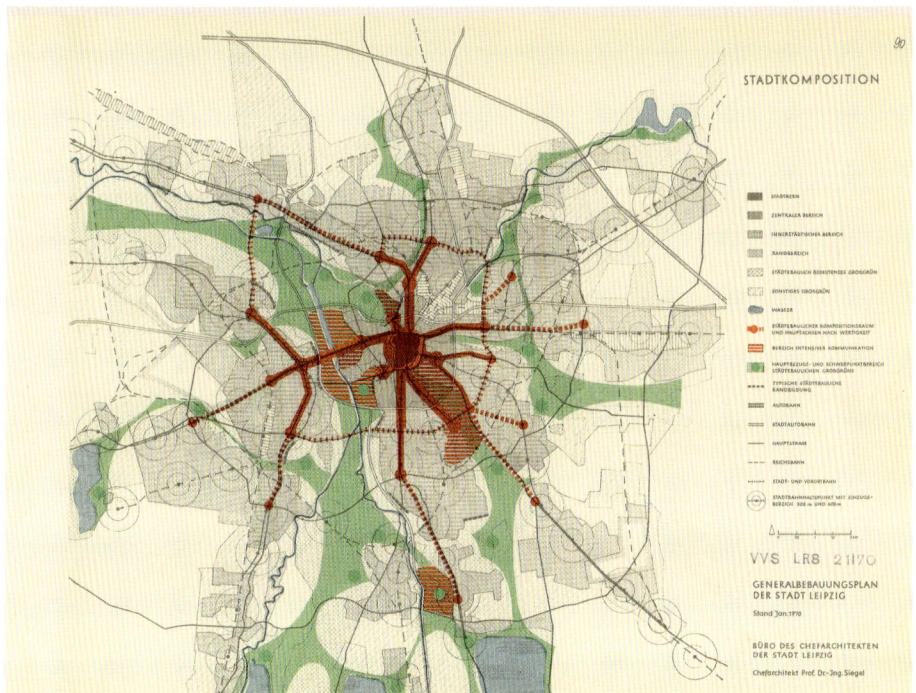

Generalbebauungsplan der Stadt Leipzig, Stadtkomposition, Büro des Chefarchitekten der Stadt Leipzig unter Chefarchitekt Horst Siegel, Januar 1970, Farbdruck

Ein erstmals angefertigtes »Prognose-Strategie-Modell« konkretisierte die Vision einer sozialistischen Umgestaltung. In dem von einem Stadtautobahnring umschlossenen »zentralen Bereich« sollten alle zum Stadtzentrum führenden Hauptstraßen in breite Magistralen verwandelt, Verkehrsknotenpunkte mit Hochhäusern besetzt und das Stadtbild mit unterschiedlichen Motiven des zeitgenössischen internationalen Städtebaus angereichert werden [StadtAL, StVuR Nr. 17105, S. 40]. Die »Stadtkomposition«, so hieß es in den Erläuterungen, sollte »durch Klarheit, Repräsentanz und zweckmäßigen Aufbau Inhalt und Streben unserer sozialistischen Gesellschaft zum Ausdruck bringen« [StadtAL, StVuR Nr. 17105, S. 42].

Das »Prognose-Strategie-Modell« blieb eine Utopie mit begrenzter Gültigkeit. Schon wenige Jahre später war es aus allen Dokumenten wieder verschwunden, und nach dem Beschluss des Wohnungsbauprogramms im Jahre 1973 hatte die politische Führung der Ära Honecker das Interesse an einer sozialistischen Umgestaltung der Städte ganz verloren.

Neubebauung des Marktes

Im Zweiten Weltkrieg wurde die Bebauung des Marktes zu zwei Dritteln zerstört. Die 1555 erbaute Alte Waage, Jöchers Haus, Kochs und Äckerleins Hof aus dem 18. Jahrhundert zählten zu den Totalverlusten. Nach der Instandsetzung des Alten Rathauses kam der Wiederaufbau am Markt nicht weiter voran, weil sich das Schwergewicht seit 1950 zum Karl-Marx-Platz verschoben hatte.

Erst mit dem Beschluss zum beschleunigten Aufbau des Stadtzentrums erhielt der Markt im Jahre 1958 wieder eine bevorzugte Stelle. Sein Bild bestimmten ab 1960 die Architekten Alfred Rämmler (1911–1976), Wolfgang Müller und Johannes Schulze aus dem Stadtbauamt, die nicht nur allein die Standorte und Kubaturen der künftigen Neubauten, sondern auch deren künstlerischen Ausdruck vorgaben. Die endgültige Planbearbeitung erfolgte dann durch Kollektive im VEB Leipzig Projekt.

Bis 1965 entstanden am Markt Neubauten mit breitem Spektrum gestalterischer Lösungen, die ganz unterschiedlich auf den Ort reagierten. Um seine Geschichte zu wahren, wurde die Alten Waage als Kopie wiedererrichtet, an der Katharinenstraße in Kombination mit einem modernen Fassadenelement. Mit Respekt vor der Tradition – dem benachbarten Königshaus, das wenig später seinen barocken Fassadendekor nach historischen Ansichten zurückerhielt – schloss auch das Messehaus am Markt die Lücke zum Messehof in der Petersstraße. Dagegen stand der Neubau des Messeamtes an der Westseite des Marktes in deutlichem und bewusstem Kontrast zur anschließenden historischen Bebauung. Das geplante Büro- und Kongressgebäude »Ausländertreff« zwischen Petersstraße und Thomaskirchhof kam nicht zur Ausführung.

Trotz seines unvollendeten Zustandes entsprach der Wiederaufbau des Marktes den Vorstellungen der Zeit um 1960 über die Verbindung von Tradition und Moderne. Der Blick vom Turm der Thomaskirche über den Markt gehörte später zu den meistreproduzierten Leipziger Stadtansichten.

Seit 2005 ersetzt der Neubau der Marktgalerie das stets ungeliebte Messeamt. Das Messehaus am Markt erfuhr zwischen 2005 und 2007 eine grundlegende Umgestaltung, bei der die Fassade der Erbauungszeit verloren ging.

Walter Kresse, Erich Honecker, Lotte Ulbricht, Paul Verner, Walter Ulbricht, Paul Fröhlich und andere vor dem Messehaus am Markt während der Herbstmesse 1964, 6. September 1964, Fotograf Heinz Krabbes

◀ Messeamt bei Nacht, Markt 11–15, Architekten Rudolf Rohrer und Rudolf Skoda, 1963–1965, nach 1965, Fotograf Herbert Lachmann

Entwurf zur Gestaltung des Marktes –
Blick aus der Katharinenstraße auf das
Messehaus am Markt, den geplanten
»Ausländertreff« und das Messeamt,
1962, Fotokopie

Alte Waage zur 800-Jahrfeier der Stadt, Markt 4, Architekten Wolfgang Müller und Kollektiv um Rudolf Rohrer, 1963/64, Oktober 1965, Fotograf Dr. Walter Gerhard Heyde / HEYPHOT

Messehaus am Mark während der Internationalen Leipziger Buchmesse 1963, Markt 16, Kollektiv um Frieder Gebhardt, September 1963, Fotografin Gertrud Höhnel

**Blick vom Thomas-
kirchhof in Richtung Markt,**
1961, Fotokopie

Blick auf die geplante Neubebauung Petersstraße 1 vom Thomaskirchhof aus, Schaubild von Wolfgang Müller, um 1965, Tusche- und Bleistiftzeichnung

Gestaltung des Sachsenplatzes

Der am 7. Oktober 1969 anlässlich des 20. Jahrestages der Gründung der DDR auf dem Areal zwischen Reichsstraße, Brühl, Katharinenstraße und Salzgäßchen eingeweihte Sachsenplatz war der interessante Versuch, ein ehemals dicht bebautes historisches Geviert mit einer vielfältig nutzbaren Freifläche ohne Autoverkehr als »innerstädtischen Fest- und Feierraum« neu zu definieren.

Das Bild des Platzes wurde vom Kontrast zwischen der historischen Bebauung an der Katharinenstraße und den großen Volumen der Neubauten an den übrigen drei Platzseiten bestimmt. Das Informationszentrum am Brühl enthielt Servicebereiche, einen Vortrags- und Kinosaal, Konferenz- und Ausstellungs-

räume sowie ein Café und bildete mit seinem aufgefächerten Dach einen Gegenpol zu den kubischen Neubauten an den Platzwänden. Sorgfältig gestaltete Grünflächen, Wasserbecken und Kunstwerke – darunter Barockskulpturen aus dem Park Prödel und drei kristalline Brunnenplastiken von Harry Müller – säumten die Platzfläche und gaben ihr eine hohe Aufenthaltsqualität.

Nach einem ähnlichen Kompositionsprinzip entstanden zur gleichen Zeit andere Stadträume in der DDR: die Prager Straße in Dresden oder die Stadtpromenade in Cottbus.

Panoramaaufnahme des Sachsenplatzes mit dem Informationszentrum am Brühl, Architekt Horst Krantz und Kollektiv, 7. Oktober 1971, Fotograf Herbert Lachmann

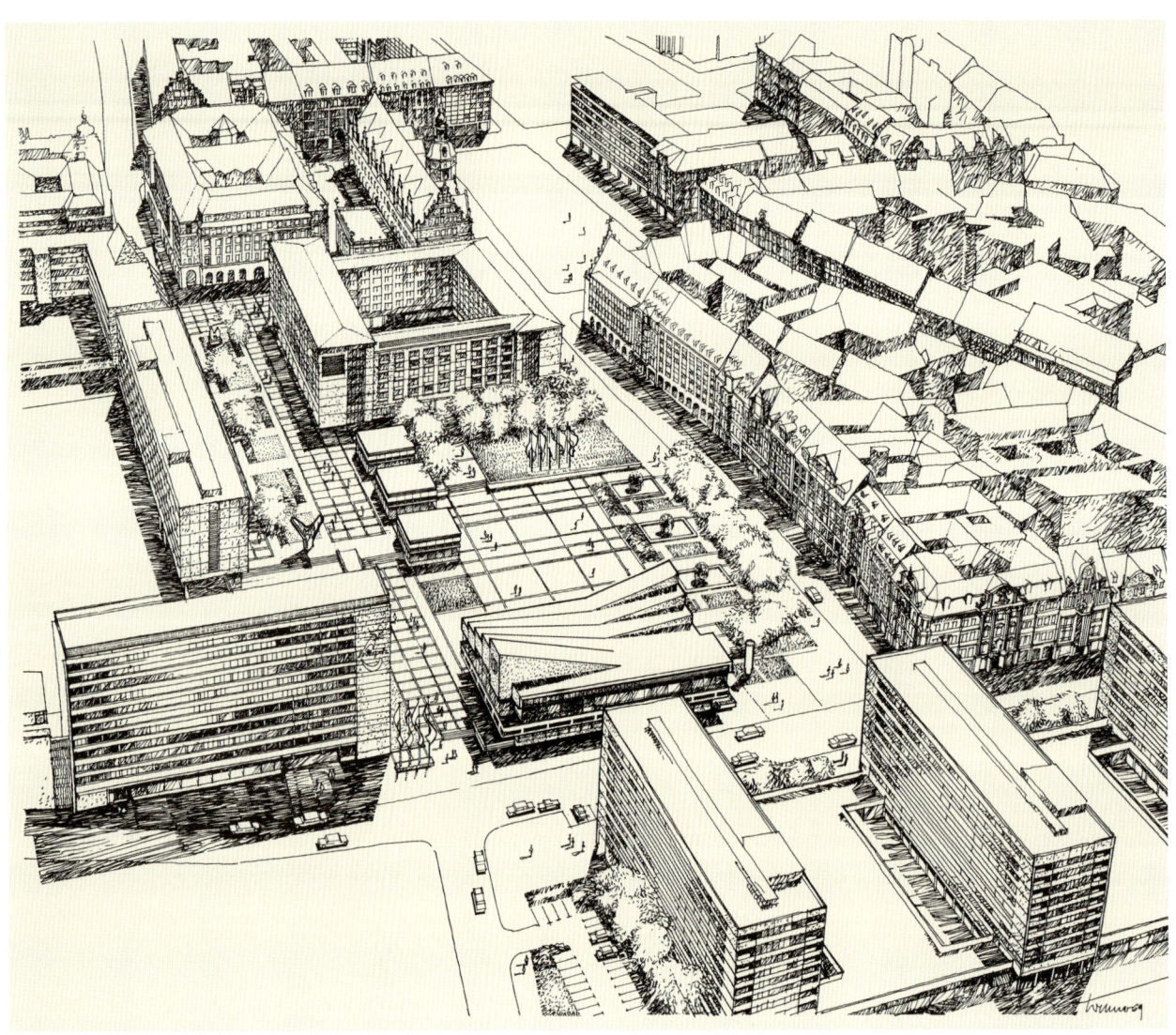

**Sachsenplatz mit Informations-
zentrum,** Schaubild,
Entwurf von Hans-Dietrich Wellner,
1969, Reproduktion

Schon im Wettbewerb 1988 für die weitere Gestaltung des Stadtzentrums hatten die meisten Teilnehmer eine Wiederbebauung des Platzes vorgeschlagen. Eine 1996 von der Stadt durchgeführte Städtebauwerkstatt empfahl ihn als Standort für das Museum der bildenden Künste. Der Neubau wurde am 4. Dezember 2004 eingeweiht, der Name »Sachsenplatz« schon zum 1. August 2002 aufgehoben.

Freiflächengestaltung am Informationszentrum am Brühl, Entwurf von Hans-Dietrich Wellner, 10. Juli 1968, Tuschezeichnung

Reichsstraße mit Blick
auf die Leipzig-Information
und das Interpelzgebäude,
um 1970,
Fotograf Hans Lindner

Interpelzgebäude, Brühl 33,
Architekten Wolfgang Schreiner
und Günther Seltz, 1965/66,
nach 1966,
Fotograf Hans Lindner

Sachsenplatz mit Brunnenplastik »Pusteblume« von Harry Müller und Leipzig-Information, um 1976

Blick vom Sachsenplatz auf das Romanushaus und das Sporthaus am Brühl, 1976, Fotograf Georg Zimmer

Promenadenring

Die »Große Wende im Bauwesen« bedeutete keine Abkehr von den Raumvorstellungen der »16 Grundsätze des Städtebaus« mit zentralen Plätzen und breiten Magistralen zur räumlichen Inszenierung der neuen Gesellschaft. Für die Funktion des Promenadenrings als Hauptverkehrsstraße, Grünzone und »repräsentativer Magistrale« sind die Baufluchten nach dem Plan von 1959 im Norden und Süden weit zurückgenommen und die vorhandene Bebauung ist zum Abbruch bestimmt, während an der Westseite ein ganz neuer Straßenverlauf erscheint.

Vier Hochhäuser mit 25 Geschossen – »Höhendominanten« im offiziellen Sprachgebrauch – am Promenadenring sollten Lage und Ausdehnung des Stadtzentrums markieren und die zukünftige Stadtsilhouette prägen. Schon 1959 hatte Kunz Nierade skizzenhaft Hochhausstandorte am Promenadenring untersucht. Vorgesehen waren vier Standorte, von denen nur das Wohnhochhaus an der Wintergartenstraße mit Verzögerung in den Jahren 1970 bis 1974 zur Ausführung kam. Für ein zweites Wohnhochhaus, an der Gerberstraße, war die Planung bereits weit fortgeschritten, für das Hochhaus der Industrie am Friedrich-Engels-Platz, das Haus der Kunst und Wissenschaften am Karl-Marx-Platz liegen nur erste Skizzen vor.

Nach den schweren Zerstörungen konzentrierten sich die Planungen zunächst auf den östlichen Abschnitt des Promenadenrings. Das Ensemble zwischen Hauptbahnhof und Karl-Marx-Platz setzte ab 1960 die Bebauung am Roßplatz mit gleichem Inhalt, jedoch veränderten Mitteln fort. Die zwischen 1960 und 1965 errichteten Bauten zeigten die Möglichkeiten der neuen industriellen Bauweisen: den Plattenbau am Georgiring mit einer nie wieder erreichten Qualität im Detail, das Montagesystem aus vorgefertigten Stahlbetonelementen mit Kunststeinvorsatz bei dem Studentenwohnheim in der Goethestraße und die Stahlbetonkonstruktionen mit Vorhangfassaden an der Hauptpost und den beiden Bürogebäuden des Chemieanlagenbaus. Am Ende des Jahrzehnts begannen die Arbeiten für das in Gleitschalbauweise errichtete Hochhaus an der Wintergartenstraße.

◀ Blick von der Fußgängerbrücke am Tröndlinring auf das Konsument-Warenhaus und die Wohnbebauung am Brühl (Teilansicht im Hintergrund), 1974.
Fotograf Herbert Lachmann

Hotel in der Gerberstraße, Blick vom Hauptbahnhof, 1961, Reproduktion

Hochhaus am Friedrich-Engels-Platz, Blick aus der Friedrich-Ludwig-Jahn-Allee, um 1962, Reproduktion

Wohnhäuser am Georgiring zwischen Karl-Marx-Platz und Wintergartenstraße,
Architekten Hans Krantz, Günther Gerhardt und Wolfgang Schreiner, 1960–1962, nach 1962, Fotograf Hans Lindner

Georgiring mit Wohnhochhaus Wintergartenstraße,
Architekten des Wohnhochhauses Wintergartenstraße 2 Georg Eichhorn und Kollektiv um Frieder Gebhardt, 1970–1974, 1975, PGH Fotostudio Leipzig

Studentenwohnheim
»Jenny Marx«, Goethestraße 6,
Kollektiv um Horst Krantz,
1963–1965

Hotel Stadt Leipzig,
Richard-Wagner-Straße 1/6,
Ansicht vom Brühl, Kollektiv
um Manfred Böhme,
1963–1965, 21. Juli 1967,
Fotograf Herbert Lachmann

◀ Grünanlage hinter der Oper
mit Schwanenteich und
Mehrzweckgebäude des
VVB Chemieanlagen,
1968, Foto Brüggemann Leipzig

Modellfoto
des Wohnhochhauses
Wintergartenstraße,
um 1970

Wohn- und Geschäftshaus,
Universitätsstraße 20,
Architekten Berthold Schneider,
Gottfried Kurze und Herbert
Eilenberg, 1959/60,
Fotograf Hans Lindner

Zeitgleich mit dem jüngeren Abschnitt der Berliner Karl-Marx-Allee begann auch in Leipzig der industrielle Wohnungsbau mit raumgroßen Außenwandtafeln im Stadtzentrum. Die zwischen 1960 und 1962 nach Entwürfen der Brigade Krantz vom VEB Leipzig-Projekt errichteten Wohnhausscheiben genossen nach ihrer Fertigstellung größte Wertschätzung. Horst Krantz erhielt den Kunstpreis der Stadt Leipzig, und ab 1964 bildeten die Wohnhäuser den Hintergrund für die Ehrentribühne zum 1. Mai, die vom Karl-Marx-Platz zum Georgiring verlegt wurde.

Das zweite Ensemble mit Wohnhausscheiben, Ladenzonen und dem umgebauten Warenhaus »konsument« kam zwischen 1966 und 1968 am nördlichen Promenadenring zur Ausführung. Die zehngeschossigen Wohnhausscheiben mit verbindenden Ladenzonen waren sowohl zum Tröndlinring als auch zum Stadtkern orientiert und bestimmten durch die kraftvolle blau-weiße Farbgebung der Fensterbrüstungen mehr als 30 Jahre lang das Stadtbild mit.

Karl-Marx-Platz

Rund einhundert Jahre erforderte der Ausbau des Augustusplatzes zum wichtigsten städtischen Platz und zum Zentrum für Bildung und Kultur der Bürgerstadt. Nach dem Krieg gehörte der Karl-Marx-Platz zu den am stärksten beschädigten Stadträumen Leipzigs. Die Gebäude an der Ostseite waren vollständig zerstört; das Museum der bildenden Künste, das Neue Theater und das Augusteum stark beschädigt. Noch bis

1950 waren alle großen öffentlichen Gebäude – Theater, Museum, Universität – zum Wiederaufbau vorgesehen. Mit dem Beschluss zum Neubau des Opernhauses vom Januar des Jahres und der Bestimmung zum Zentralen Platz im Sinne der »16 Grundsätze des Städtebaus« hatte der Platz eine besondere politische Bedeutung erhalten, womit im Grunde auch bereits seine spätere Neubebauung vorweggenommen war.

Karl-Marx-Platz
(heute Augustusplatz),
Luftbildschrägaufnahme, 1968,
Fotograf Bernd Wittwer

Hotel »Deutschland«,
Karl-Marx-Platz 5–6
(heute Augustusplatz),
Architekten Helmut Ullmann,
Wolfgang Scheibe und Kollektiv,
1963–1965, 1965/66,
Foto Brüggemann

Hauptpostamt, Karl-Marx-Platz
(heute Augustusplatz),
Kurt Nowotny und Kollektiv,
1961–1964, nach 1964,
Fotograf Friedrich Weimer

**Karl-Marx-Platz
(heute Augustusplatz),** ▶
Gewandhaus und
Universitätshochhaus, 1981,
Fotograf unbekannt

Ideenwettbewerb zur städtebaulich-architektonischen und bildkünstlerischen Neugestaltung des Karl-Marx-Platzes,

Beitrag des Rostocker Architektenkollektivs unter Leitung von Wolfgang Urbanski,

Beitrag des Kollektivs der Bauakademie der DDR unter Leitung von Hermann Henselmann, 1968, Modellfotos

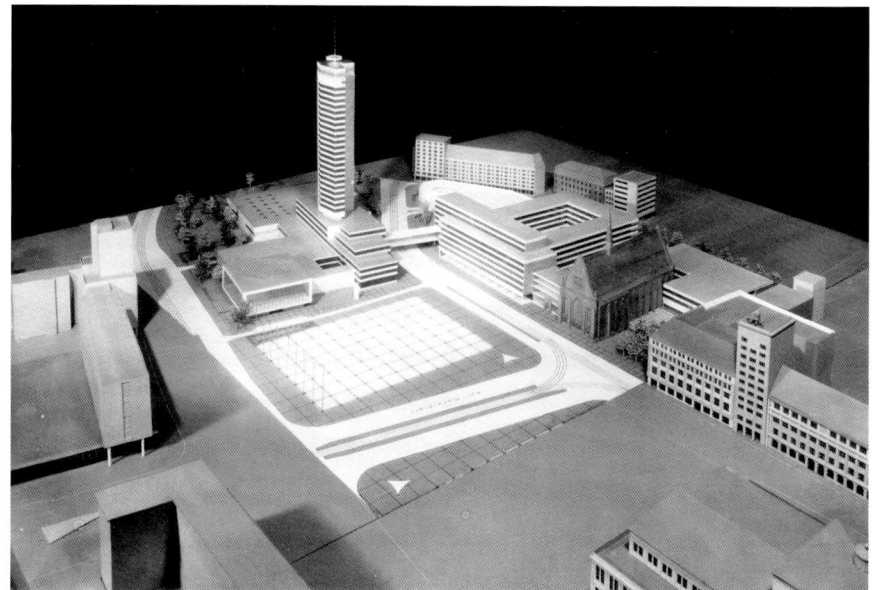

Karl-Marx-Platz (heute Augustusplatz), Sprengung der Universitätskirche St. Pauli, 1968, Fotograf Fritz Tacke

Die dann über einen Zeitraum von rund dreißig Jahren ausgeführte Bebauung des Platzes und seiner Umgebung zeigt an herausragenden Beispielen die wechselnden Leitbilder und architekturtheoretischen Prämissen in der Baugeschichte der DDR. Schon 1956 war mit der Ringbebauung am Roßplatz das wichtigste Ensemble des Nationalen Aufbauwerkes in Leipzig vollendet worden; der Übergang von den nationalen Traditionen zur Moderne der sechziger Jahre wird am Bau der Oper ablesbar. Die Hauptpost, das Hotel »Deutschland« und die Bürogebäude des Chemieanlagenbaus, zeigen die Entwicklung der Skelettbauten mit transparenten Vorhangfassaden zu »Statuszeichen für Gebäude gesellschaftlicher Institutionen« (Bruno Flierl).

Durch seine skulpturale Wirkung mit der dynamisch geformten Spitze ist das Universitätshochhaus ein charakteristischer Vertreter der Bildzeichen-Architektur in den späten 1960er Jahren und das »Streben nach denkmalhafter Wirkung« (Thomas Topfstedt) beim Wiederaufbau der Stadtzentren. Das 1981 eingeweihte Neue Gewandhaus, mit dem die Transformation der historischen, bürgerlichen Stadtmitte in ein sozialistisches Forum für Bildung, Kultur und Kommunikation vollendet wurde, steht exemplarisch für eine kleine Zahl der »Palastbauprojekte« in den späten Jahren der DDR.

Karl-Marx-Universität

Bis 1958 wurde der Wiederaufbau des Universitätshauptgebäudes nicht in Frage gestellt. Der 1959 veröffentlichte Perspektivplan sah erstmals eine Veränderung in der Baugruppe Augusteum – Universitätskirche vor. Die Kirche sollte in westliche Richtung verschoben und aus dem Platzbild verdrängt werden. Seit Beginn der 1960er Jahre reifte in der SED-Führung und in den städtischen Gremien die Idee von einem Abbruch der historischen Universitätsgebäude und der Universitätskirche. Auch die Universitätsleitung sprach sich ab 1960 für einen Neubau am alten Standort aus, nachdem keine Aussicht mehr auf den Bau einer Universitätsstadt zwischen Bayrischem und Deutschem Platz bestand.

Nach rund zehnjähriger Planungszeit und drei verschiedenen Standorten war im Jahre 1963 das Projekt für ein Haus der Kunst und Wissenschaften am Karl-Marx-Platz aufgegeben worden; die Idee einer Hochhausdominante am Zentralen Platz blieb allerdings lebendig. Seit 1966 gehörte sie zum Programm eines Universitätsneubaus. Im Januar 1968 lud der Rat der Stadt fünf Architektenkollektive zu einem Ideenwettbewerb für die städtebaulich-architektonische Gestaltung des Platzes ein. Das Preisgericht vergab keinen ersten Preis, den zweiten erhielt der Entwurf von Werner Queck (1929–1982) aus Dresden, zwei dritte Preise teilten sich die Kollektive von Hermann Henselmann und Helmut Ullmann (1930–1991). Lothar Hahn und Wolfgang Urbanski (1928–1998), der als einziger die Erhaltung der Kirche vorsah, wurden nicht prämiert.

Im April 1968 bestimmte Walter Ulbricht abweichend vom Urteil des Preisgerichts Henselmanns Hochhausentwurf zur Ausführung, der einen älteren Plan für das Berliner Zentrum aktualisiert hatte. Der folgende Politbürobeschluss gab am 7. April 1968 dieser Entscheidung quasi gesetzliche Kraft. Die Zustimmung des Senats der Karl-Marx-Universität am 17. Mai und der Stadtverordnetenversammlung am 23. Mai war dann nur noch eine Formsache. Unmittelbar darauf begannen die Vorbereitungsarbeiten für die Sprengung der intakten Universitätskirche am 30. Mai 1968. Der bis dahin ohne öffentliche Beteiligung vorbereitete Neubau der Universität wurde nun von einer groß aufgemachten publizistischen Kampagne begleitet. Die Aufforderung »Mach mit – für Dein Leipzig, das Dir am Herzen liegt!« suggerierte eine breite Zustimmung zu den Planungsbeschlüssen.

◀ **Karl-Marx-Universität,** Karl-Marx-Platz (heute Augustusplatz), Seminargebäude, Ansicht von der Universitätsstraße, 11. April 1979, Fotograf Herbert Lachmann

Karl-Marx-Universität,
Karl-Marx-Platz
(heute Augustusplatz) ▶
Universitätshochhaus,
Treppenhaus,
7. September 1973,
Fotograf Herbert Lachmann

Karl-Marx-Universität,
Ansicht des Mensabereichs
in der Grimmaischen Straße,
Zeichnung Wolfgang Müller,
1975, Tuschezeichnung

Karl-Marx-Universität,
Karl-Marx-Platz
(heute Augustusplatz),
Innenhof, 15. Mai 1979,
Fotograf Herbert Lachmann

Karl-Marx-Universität,
Karl-Marx-Platz
(heute Augustusplatz),
Hauptgebäude mit dem
Bronzerelief »Marxismus« von
Klaus Schwabe, Frank Ruddigkeit
und Rolf Kuhrt, März 1982,
Fotografin Dagmar Agsten

Im Juni 1968 folgte die Sprengung der Universitätsgebäude. Noch bevor die endgültige Planung vorlag, begannen die Neubauarbeiten. Nach der Grundsteinlegung am 4. Oktober 1968 kam der Bau schnell voran und wurde am 31. August 1973 eingeweiht. Die Bearbeitung der Pläne erfolgte durch die Leipziger Architekten Horst Siegel, Volker Sieg, Rudolf Skoda, Hellmut Ullmann u. a., wobei Elemente verschiedener Wettbewerbsentwürfe verschmolzen wurden.

Das um einen offenen Hof gruppierte Ensemble umfasste das Hochhaus mit Sektionsleitungen und Arbeitsplätzen der Professoren und Assistenten, die Zentrale Gesellschaftswissenschaftliche Fachbibliothek, das Haupt- oder Rektoratsgebäude am Karl-Marx-Platz, den Mensaflügel an der Grimmaischen Straße, das bis heute nur wenig veränderte Seminargebäude und den fensterlosen Hörsaalbau. Von den ergänzenden bildkünstlerischen Entwürfen an den Fassaden kam nur das Bronzerelief am Rektoratsgebäude zur Ausführung.

◄ **Karl-Marx-Universität,**
Karl-Marx-Platz
(heute Augustusplatz),
Blick von der Universitätsstraße auf das Universitätshochhaus, 4. Oktober 1973,
Fotograf Herbert Lachmann

Hotel »Deutschland«

Das Hotel »Deutschland« wurde innerhalb von nur 17 Monaten projektiert, gebaut und zur Frühjahrsmesse des Jubiläumsjahres 1965 in Betrieb genommen.

Mit einer Kapazität von 430 Betten war es das zweitgrößte Hotel der Stadt und erreichte in seinem Komfort internationale Standards. Neben Ein- und Zweibettzimmern standen auch einige Appartements zur Verfügung. Konferenzräume, Restaurants, Servicebereich und eine legendäre Bar im Kellergeschoss ergänzten das Raumprogramm.

Hochwertige Materialien, eine neu entwickelte Vorhangfassade und transparente Verglasungen im Erdgeschoss machen die Eigenart des Hotels aus. Wandbilder von Bernhard Heisig (1925–2011), Wolfgang Mattheuer (1927–2004), Hans Engels (1924–1995) und Hans Meyer-Foreyt (1916–1981), Gemälde und Skulpturen in den Restaurants, darunter auch rein gegenstandslose Werke – ein Raumteiler von Fritz Kühn (1910–1967) und eine Betonformsteinwand von Harry Müller – gehörten zur reichen bildkünstlerischen Ausstattung des Hauses, die dem Umfang nach viele andere Bauvorhaben übertraf.

Hotel »Deutschland«, Karl-Marx-Platz (heute Augustusplatz) 5–6, Wandbild von Harry Blume, 1966, Fotograf Bernd Wittwer

Hotel »Deutschland«, Karl-Marx-Platz (heute Augustusplatz) 5–6, Architekten Helmut Ullmann, Wolfgang Scheibe und Kollektiv, 1963–1965, 1965/66, Fotograf Bernd Wittwer

innere westvorstadt
musikviertel

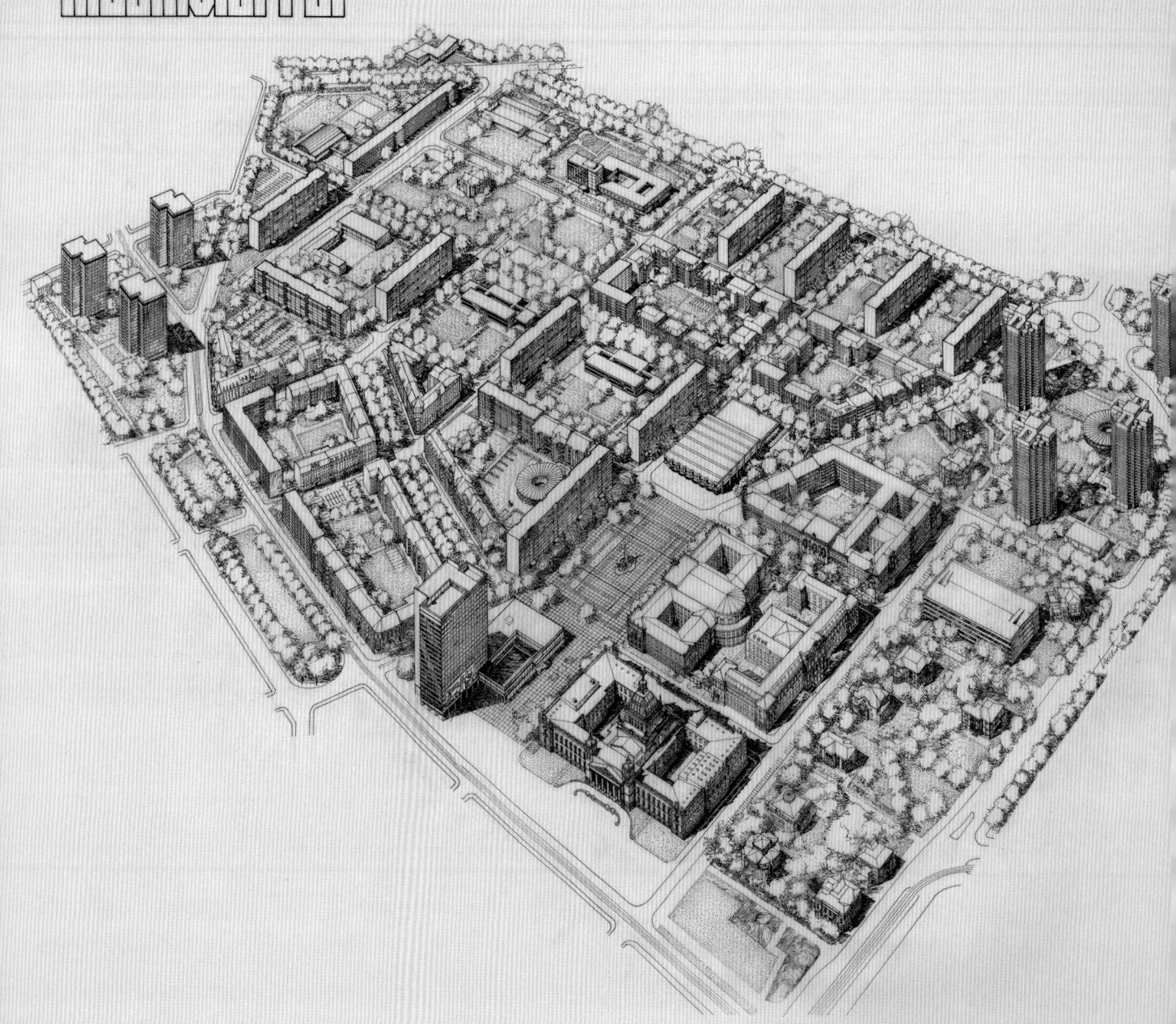

Umgestaltung des Musikviertels

Das Musikviertel war die anspruchsvollste städtebauliche Planung des Historismus in Leipzig; es verband Monumentalbauten für Justiz, Wissenschaft und Kunst mit repräsentativen Wohngebäuden in privilegierter Lage am Rande zweier städtischer Parks. Im Zweiten Weltkrieg wurde mehr als die Hälfte der Wohnhäuser zerstört, der südliche Bereich ging fast vollständig verloren. Während man das Konservatorium für Musik zwischen 1949 und 1961 vereinfacht wieder aufbaute, wurde das ausgebrannte, aber im Rohbau noch weitgehend intakte Konzerthaus 1968 gesprengt. Die Universitätsbibliothek blieb bis zum Wiederaufbau ab 1993 ein notdürftig wiederhergestelltes Provisorium mit eingeschränkter Nutzung. Das Reichsgericht, welches als Institution am 19. April 1945 aufgelöst wurde, erhielt im Frühjahr 1952 als Georgi-Dimitroff-Museum eine neue Bestimmung und nahm auch die Bestände des Museums der bildenden Künste auf.

◀ Wohnkomplex Innere Westvorstadt III/ »Musikviertel«, Bebauungskonzeption,- Schaubild aus der Vogelperspektive von Hans-Dietrich Wellner, 1969, Tuschezeichnung

Die ältesten Pläne sahen eine komplexe Umgestaltung des Gebietes mit zahlreichen Abbrüchen vor und stehen beispielhaft für die in den 1960er Jahren entwickelten Vorstellungen über die Perspektiven der großen Leipziger Stadterweiterungsgebiete des 19. Jahrhunderts. Die hohe Verdichtung und die großen öffentlichen Freiflächen folgen dem Leitbild der »aufgelockerten« Stadt. Ab 1969 wurde im ersten Bauabschnitt der südliche Bereich des Musikviertels unter weitgehender Erhaltung und teilweiser Instandsetzung der Altbausubstanz nach städtebaulichen Konzepten von Johannes Schulze und Hellmut Neumann umgestaltet.

Musikviertel und Innere Südvorstadt, Luftbildschrägaufnahme, um 1935, Hamburger Luftbild GmbH

Gebaut wurden lediglich fünf elfgeschossige Wohnscheiben (Typ P 2.11) mit insgesamt 948 Wohneinheiten. Daneben entstanden eine Polytechnische und eine Erweiterte Oberschule mit je 720 Plätzen, ein Kindergarten und eine Kinderkrippe sowie eine Kaufhalle. Im Jahr 1978 wurde der Wohnkomplex um drei 16-geschossige Punkthochhäuser, Typ »Erfurt« – die »drei Gleichen« – an der Karl-Tauchnitz-Straße auf den Grundstücken kriegszerstörter Villen ergänzt. In den 1980er Jahren folgten verschiedene Lückenschließungen. Unausgeführt blieben das Bürohochhaus an der Harkortstraße, die Wohnhausscheiben am Park, die 30-geschossigen Wohnhochhäuser und das Parkhaus an der Karl-Tauchnitz-Straße.

In den Jahren 1967 bis 1969 war bereits an der Schwägrichenstraße nach den Plänen eines Kollektivs unter der Leitung von Frieder Gebhardt (1925–1993) das Gästehaus des Ministerrates der DDR errichtet worden. Der Gästeflügel und das sechsgeschossige Appartementhaus gehören zu den interessanten Bauten der DDR-Architekturmoderne in Leipzig.

**Studie zum Bau von Punkt-
hochhäusern am Floßplatz und
in der Südvorstadt,**
Schaubild von der Harkortstraße
mit Blick in Richtung Süden,
Zeichnung von Hellmut
Neumann, 23. November 1968,
Tuschezeichnung

Gästehaus
des Ministerrates der DDR,
Schwägrichenstraße 14, 1969,
Fotograf Herbert Lachmann

Gästehaus
des Ministerrates der DDR,
Schwägrichenstraße,
Kollektiv um Frieder Gebhardt,
1967–1969, 1969,
Fotograf Herbert Lachmann

Leipzig · Wettbewerb Karl · Liebknecht · Platz

Wettbewerb Karl-Liebknecht-Platz/ Bayrischer Platz,
Beitrag des Kollektivs des Büro des Chefarchitekten der Stadt Leipzig (Ambros G. Gross, Wolfgang Bräter, Wolfgang Horn, Wolfgang Müller, Hans-Dietrich Wellner, Rolf Sandner, Rudolf Jacob, Wilfried Meisel, Dieter Dietze, Dieter Kolbe und Rainer Buchmann), Lageplan und Stadtsilhouette, 1968/69, Tuschezeichnung

Straße des 18. Oktober

Der Bau einer durchgehenden Straße mit repräsentativer Bebauung vom historischen Stadtkern zum Völkerschlachtdenkmal, von der Mustermesse zur Technischen Messe, war über Jahrzehnte ein Schwerpunkt der Leipziger Stadtplanung. Die Kriegsschäden in der Südostvorstadt beschleunigten nach 1945 die Umbaupläne. Mit den Wohnhäusern an der Südwestseite der Windmühlenstraße begann im Jahre 1952 die Neubebauung in traditionellen Formen im Rahmen des Nationalen Aufbauwerkes und fand ab 1961 Fortsetzung mit den Methoden des industriellen Bauens. Dafür kamen im VEB Leipzig Projekt entwickelte und für den Standort angepasste Typenprojekte zur Ausführung. Nach den Entwürfen des Kollektives um Horst Krantz entstanden 1961/62 drei Wohnhausscheiben an der Südseite in der 2-Mp-Bauweise mit Verbindungsbauten für gewerbliche Einrichtungen, die Mittelganghäuser an der Windmühlen- und an der Arthur-Hoffmann-Straße nach Entwürfen von Erich Hoffman und Erich Böhme, die auch das elegante Laubenganghaus an der Einmündung der Nürnberger Straße projektierten.

Technische Messe, Eingang Straße des 18. Oktober, Doppel-M-Eingangsportal, Architekten Manfred Weigend und Martin Lehmann, 1965, Fotograf Herbert Lachmann

Im Verlauf der Messemagistrale kam dem Bayrischen Platz, dem zukünftigen Karl-Liebknecht-Platz, die zentrale Rolle zu. Er lag im Schnittpunkt mit der innerstädtischen Nord-Süd-Verbindung, der Arthur-Hoffmann-Straße und der Nürnberger Straße und an der geplanten unterirdischen Verkehrsverbindung zwischen Hauptbahnhof und Messegelände. Hinzu kamen politisch-ideologische Überlegungen. Karl Liebknecht (1871–1919), in der Braustraße unweit vom Bayrischen Platz geboren, sollte durch ein Denkmal auf dem Platz gewürdigt werden.

Für die Neugestaltung des Karl-Liebknecht-Platzes hatte die Stadt im Herbst 1968 einen städtebaulich-architektonischen Wettbewerb ausgeschrieben, an dem sich acht Kollektive aus Dresden, Halle, Weimar und Leipzig beteiligten. Für den Beitrag aus dem Büro des Chefarchitekten der Stadt Leipzig (Ambros G. Gross, Wolfgang Bräter, Wolfgang Horn, Wolfgang Müller, Hans-Dietrich Wellner, Rolf Sandner, Rudolf Jacob, Wilfried Meisel, Dieter Dietze, Dieter Kolbe und Rainer Buchmann) vergab die Jury den zweiten Preis. In anspruchsvollen Schaubildern imaginierten die Verfasser ein hochverdichtetes und belebtes Stadtteilzentrum mit vielfältigen Funktionsüberlagerungen in den Bauten für Wirtschaft, Wissenschaft, Kultur und Bildung. Der Entwurf zeigte das binnen weniger Jahre erreichte gestalterische Niveau des industriellen Bauens.

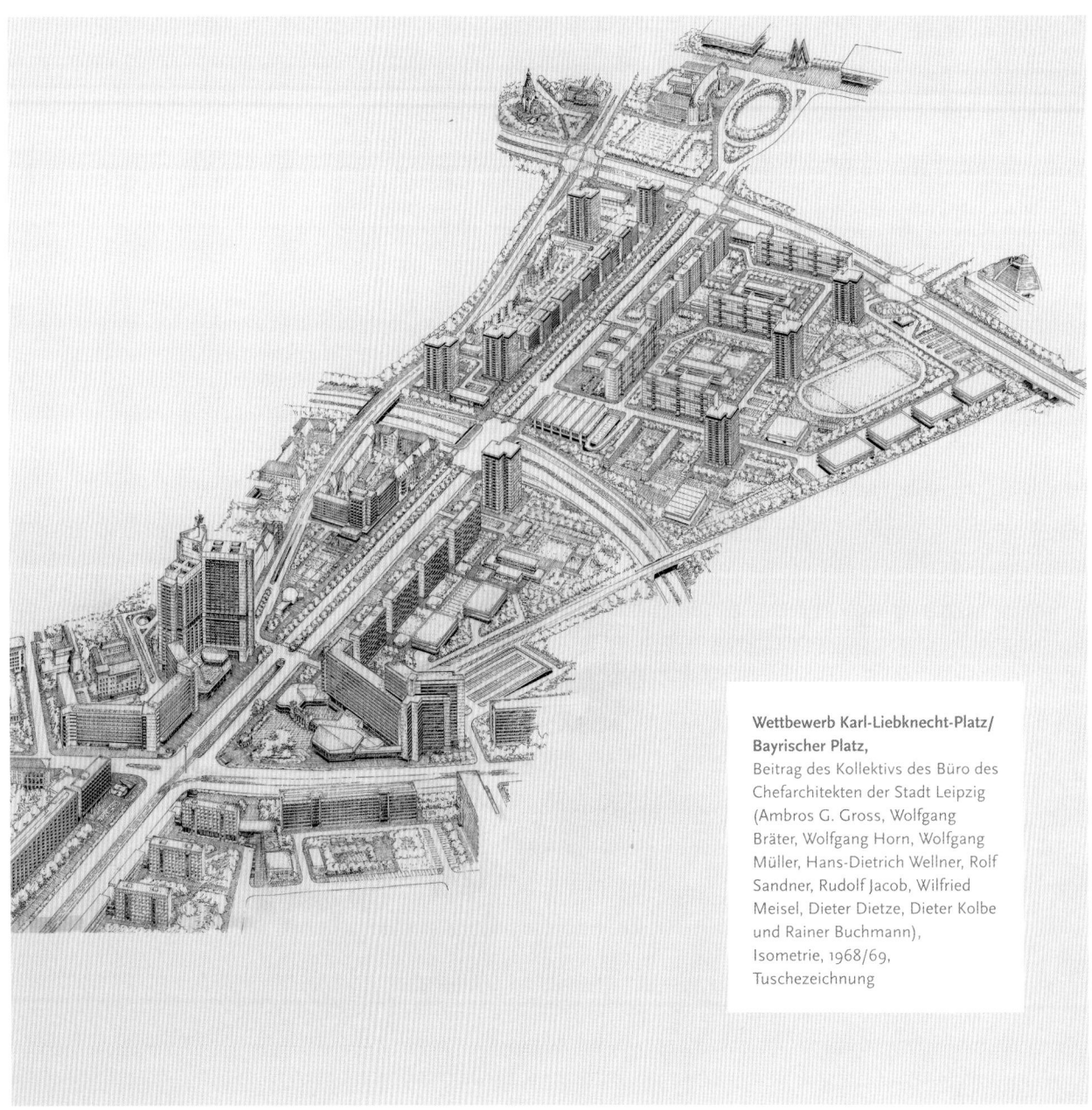

Wettbewerb Karl-Liebknecht-Platz/ Bayrischer Platz,
Beitrag des Kollektivs des Büro des Chefarchitekten der Stadt Leipzig (Ambros G. Gross, Wolfgang Bräter, Wolfgang Horn, Wolfgang Müller, Hans-Dietrich Wellner, Rolf Sandner, Rudolf Jacob, Wilfried Meisel, Dieter Dietze, Dieter Kolbe und Rainer Buchmann),
Isometrie, 1968/69,
Tuschezeichnung

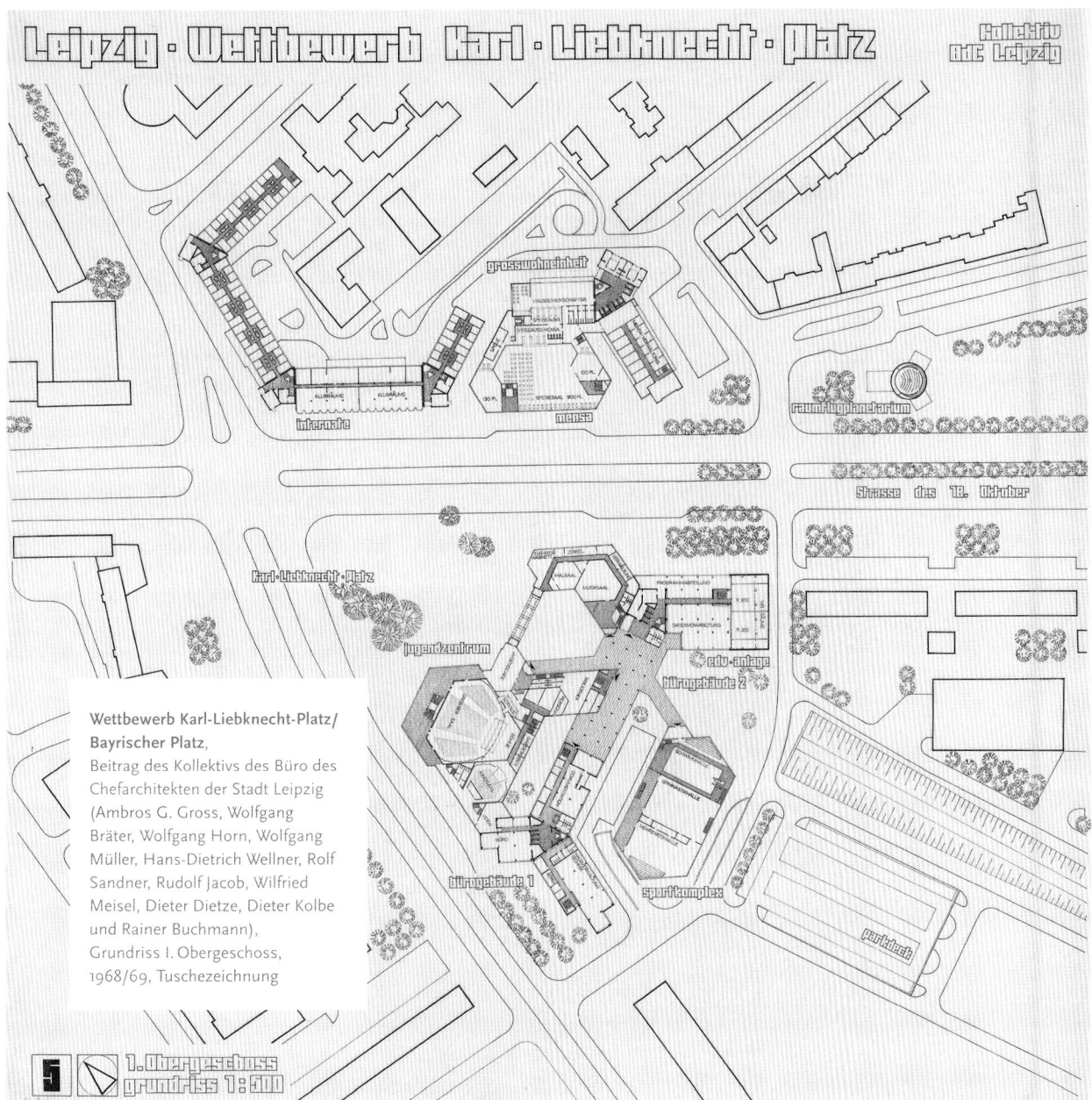

Wettbewerb Karl-Liebknecht-Platz/ Bayrischer Platz, Beitrag des Kollektivs des Büro des Chefarchitekten der Stadt Leipzig (Ambros G. Gross, Wolfgang Bräter, Wolfgang Horn, Wolfgang Müller, Hans-Dietrich Wellner, Rolf Sandner, Rudolf Jacob, Wilfried Meisel, Dieter Dietze, Dieter Kolbe und Rainer Buchmann), Grundriss I. Obergeschoss, 1968/69, Tuschezeichnung

Wettbewerb Karl-Liebknecht-Platz/ Bayrischer Platz, Blick vom Bayrischen Platz in die Straße des 18. Oktober, Zeichnung Hans-Dietrich Wellner, 1968, Tuschezeichnung

Wettbewerb Karl-Liebknecht-Platz/ Bayrischer Platz, Bayrischer Platz, 1968/69, Tuschezeichnung

Die Pläne kamen jedoch nicht zur Ausführung, selbst die Umbenennung des Bayrischen Platzes unterblieb.

Nach einer Überarbeitung der Wettbewerbsentwürfe begann 1968 der komplexe Wohnungsneubau an der Straße des 18. Oktober mit deutlich reduziertem Programm. Es entstanden 2 288 Wohneinheiten in elfgeschossigen Wohnscheiben mit den charakteristischen »Haifischzähnen« vor den Fenstern der Verteilergänge und 16-geschossigen Punkthochhäusern. Die Elemente stammten aus dem neuerrichteten Plattenwerk in Neuwiederitzsch. Daneben wurden zwei Studenteninternate mit 3 386 Plätzen, eine Kaufhalle, zwei Kindereinrichtungen, drei Schulen, eine Turnhalle sowie eine Volksschwimmhalle gebaut.

Am südlichen Ende mündete die Straße in das Gelände der Technischen Messe, für das ab 1963 Franz Ehrlich (1907–1984) als neuer Chefarchitekt der Leipziger Messe an spektakulären Erweiterungsplänen arbeitete, die allerdings unausgeführt blieben. Stattdessen wurden zur Jubiläumsmesse 1965 lediglich drei monumentale MM-Signets an den Eingängen zum Ausstellungsgelände errichtet.

Wohnungsbau Windmühlenstraße, Blick vom Bayrischen Platz auf das Neue Rathaus, Zeichnung von Wolfgang Müller, 1963, Reproduktion

Straße des 18. Oktober 6a–8 im Bau,
1970, Fotograf Wolfgang Swietek

Wohnkomplex Straße des 18. Oktober, Abendaufnahme, 1974, Fotograf Herbert Lachmann

◂ Wohnkomplex Straße des 18. Oktober, 1970, Fotograf Herbert Lachmann

Wohnkomplex
»Johannes-R.-Becher«
Leipzig-Lößnig, 1975,
Fotograf Herbert Lachmann

Neue sozialistische Wohnkomplexe

Mit dem Übergang zum industriellen Wohnungsbau fand neben der Typisierung und Normierung der Bauproduktion auch das Planungselement des »sozialistischen Wohnkomplexes« Anwendung.

Ein Wohnkomplex sollte eine funktionale und räumliche Einheit bilden, d. h. Platz für ca. 5 000 Einwohner bieten und gesellschaftliche Einrichtungen, wie Kindergärten, Schulen, Läden Gaststätten oder Polikliniken, jedoch keine Erwerbsarbeitsstätten, einschließen. Charakteristisch war ein hoher Anteil öffentlicher Grünflächen. Da die Bautechnologie auf die Großplattenbauweise mit begrenztem Typensortiment beschränkt blieb, entstanden überall ähnliche Stadträume und Straßenbilder. Der Anspruch, Wohnviertel mit jeweils eigenem Gepräge entstehen zu lassen, konnte nur eingeschränkt verwirklicht werden. Aufgrund des hohen Flächenbedarfs kamen als Standorte nur Baugebiete in den ehemaligen Vororten in Betracht.

Wohngebiet Leipzig-Schönefeld,
Internat, Volksgartenstraße 24,
Juni 1980,
Fotografin Dagmar Agsten

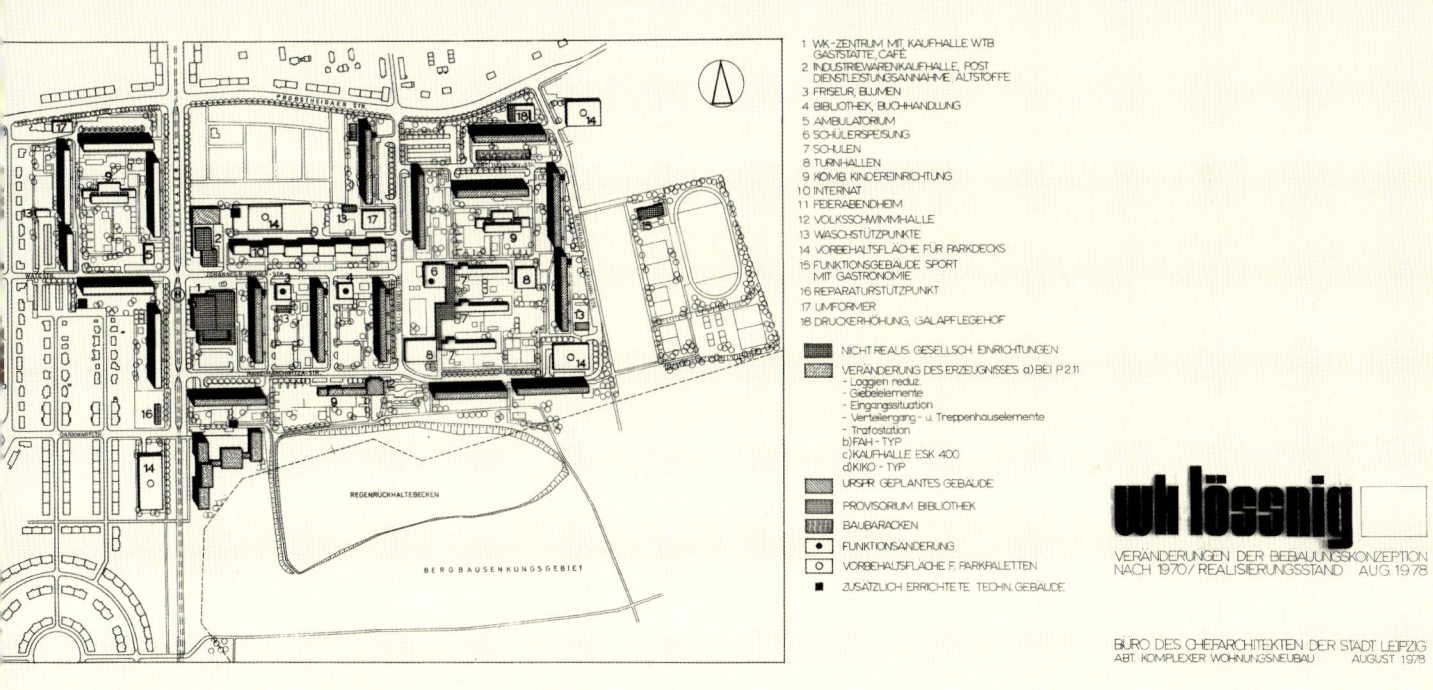

Wohnkomplex Leipzig-Lößnig,
Veränderung der Bebauungskonzeption nach 1970,
Realisierungsstand August 1978,
Büro des Chefarchitekten
der Stadt Leipzig, Abteilung
Komplexer Wohnungsneubau,
August 1978, Reproduktion

◀ Wohnkomplex »Johannes-R.-Becher« Leipzig-Lößnig,
Kinderspielplatz,
19. September 1974,
Fotograf Herbert Lachmann

Die drei vorgestellten Wohnkomplexe stehen exemplarisch für weitere:

Wohnkomplex »Johannes-R.-Becher« Lößnig
Planung: 1969/70
Baubeginn: 1970, Fertigstellung 1974
Wohnungsbau: Typ P 2.11 (elfgeschossig) Variante »Leipzig« mit 3 080 Wohneinheiten
außerdem: 1 600 Plätze im Internat, 472 Plätze im Feierabendheim,
Schulzentrum mit drei Polytechnischen Oberschulen, Schülergaststätte,
zwei Turnhallen und Sportplätzen, drei Kinderkombinationen, zwei Kaufhallen,
Gaststätte, Dienstleistungsreinrichtungen, Ambulanz und Verkaufspavillons
Standort: günstige Lage zum Naherholungsgebiet Lößnig/Dölitz,
vorhandener Anschluss an das städtische Straßenbahnnetz

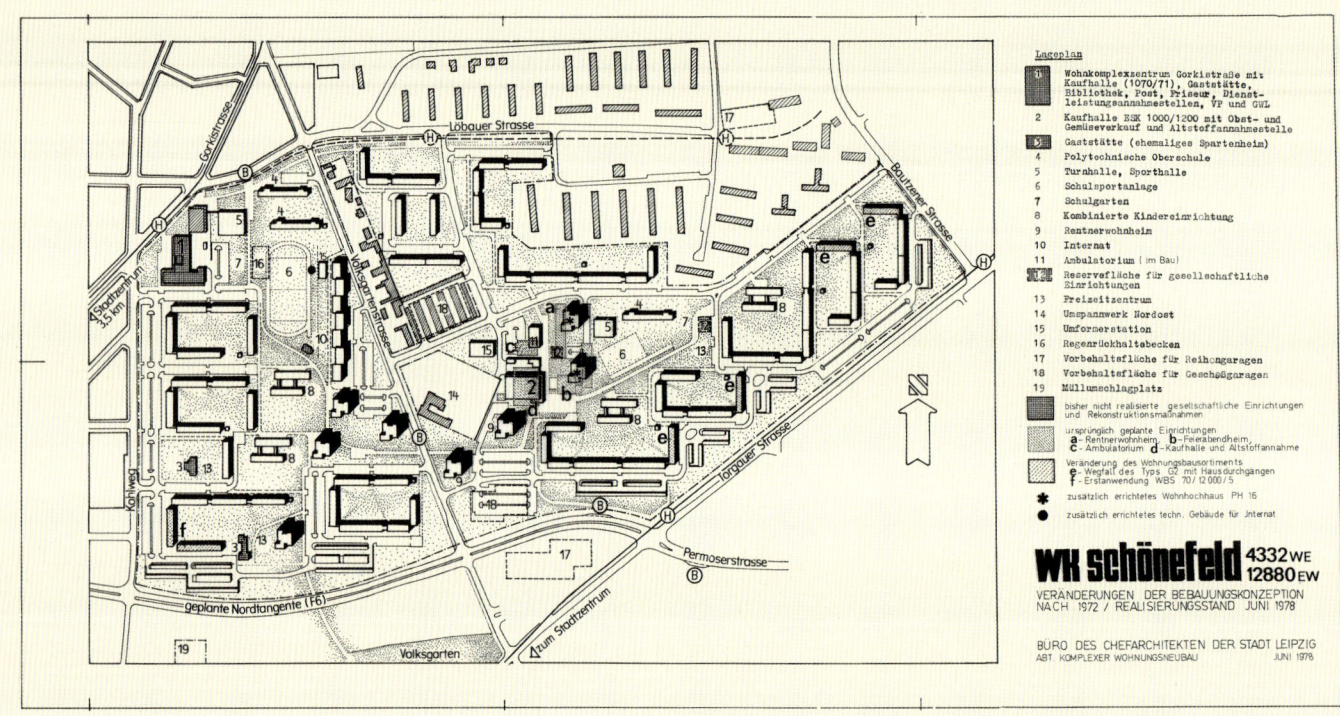

Wohnkomplex Leipzig-Schönefeld, Veränderungen der Bebauungskonzeption nach 1972, Realisierungsstand Juni 1978, Büro des Chefarchitekten der Stadt Leipzig, Abteilung Komplexer Wohnungsneubau, Juni 1978, Reproduktion

Wohnkomplex Schönefeld
Planung: 1971/72
Baubeginn: 1974
Fertigstellung: 1976
Wohnungsbau: PH 16 Typ »Erfurt« (16-geschossige Punkthochhäuser)
und WBS 70 (fünfgeschossige Wohngebäude) mit 4332 Wohneinheiten
außerdem: 1308 Plätze im Internat, drei Schulen, zwei Turnhallen,
vier Kindereinrichtungen, eine Kaufhalle
Standort: Die acht Hochhäuser prägten den Wohnkomplex, verbanden die Bereiche beiderseits der Volksgartenstraße und bildeten eine typische Silhouette. Der Wohnhof als angewandtes städtebauliches Grundelement trennte Verkehrs- und Ruhebereiche funktional und räumlich voneinander. An einer inneren Hauptfußgängerverbindung lagen die gesellschaftlichen Einrichtungen und öffentlichen Grünflächen.

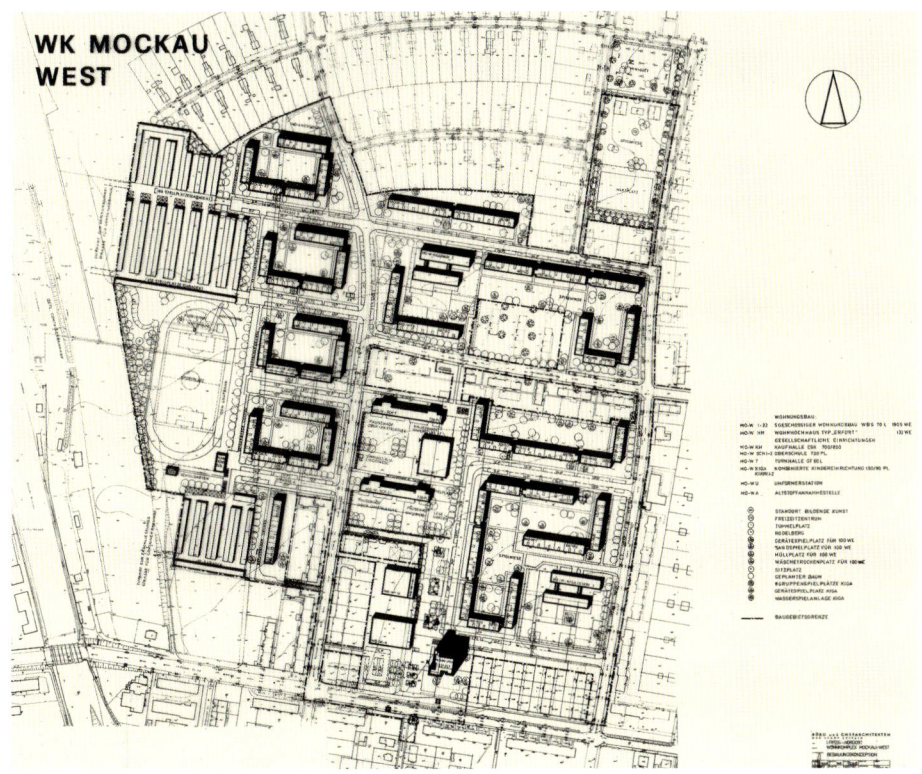

Wohnkomplex
Leipzig-Mockau-West
Bebauungskonzeption
Büro des Chefarchitekten,
Wolfgang Geißler, Johannes
Schulze, Uwe Mietke,
15. Dezember 1972,
Reproduktion

Wohnkomplex Mockau-West
Planung: 1971/72
Fertigstellung: 1976/77
Wohnungsbau: PH 16 Typ »Erfurt« (16-geschossiges Punkthochhaus)
und WBS 70 (fünfgeschossige Wohngebäude) mit 2 037 Wohneinheiten
Standort: Abrundung des Siedlungsgebietes Mockau, günstige Verbindung
zum Naherholungsgebiet Parthenaue

Neue Konstruktionen

Die Forderung der 1. Baukonferenz nach Typenprojektierung und industrieller Fertigung brachte nicht sofort eine neue Architektur hervor. Die Orientierung an der internationalen Entwicklung machte bis zur Mitte der 1960er Jahre den Rasterbau mit vertikaler Fassadengliederung für verschiedene Bauaufgaben attraktiv. Neben monolithischen Konstruktionen, wie beim Bürohochhaus des VEB Verlade- und Transportanlagenbau in der Zschortauer Straße kamen mit dem Studentenwohnheim »Jenny Marx« und dem Sportmedizinischen Institut der DHfK auch neuartige Montagekonstruktionen zur Ausführung. Das werksteinverkleidete Stahlskelett des Messehauses am Markt blieb eine Ausnahme. Charakteristisch für alle Rasterbauten waren hochwertige Materialien und sorgfältig gestaltete Oberflächen.

Für eine schnelle Industrialisierung im Wohnungsbau bot zunächst die Blockbauweise gute Voraussetzungen. Mitte der sechziger Jahre konnten schon zwei Drittel der Wohnungsneubauten in Blockbauweise ausgeführt werden. Die Elemente aus Leichtbeton – in Leipzig war die Laststufe 0,75 Megapond (Mp) verbreitet – ließen sich mit den vorhandenen Baumaschinen montieren. Allerdings erforderte diese Bauweise, dass die Neubauten nachträglich innen und außen verputzt wurden.

Der Einsatz raumhoher Großtafeln oder Platten mit fertiger Oberfläche versprach größere Effizienz, setzte allerdings Investitionen in Vorfertigungsbetriebe und Hebezeuge voraus. Für die Wohnhäuser am Georgiring entwickelte die Brigade Krantz vom VEB Leipzig Projekt 1959 entsprechende Elemente der 2-Mp-Laststufe. Die Entwicklung leistungsfähigerer Kräne machte ab 1963 Großtafelbauten der 5-Mp-Laststufe möglich, die u. a. über eine bessere Wärmedämmung verfügten. In dieser Bauweise entstanden nach Entwürfen des VEB Leipzig Projekt mehrere Mittelgangwohnhäuser in den inneren Vorstädten. Ab 1970 war der Plattenbau die dominierende Bauweise in der DDR. Bis zu Einführung der WBS 70 war der Typ P2/11 der am meisten verbreitete Plattenbau in Leipzig.

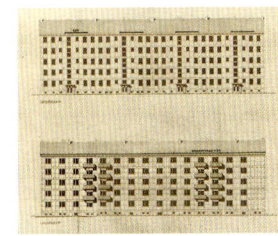

Rohbauschema der Großblockbauweise mit kleinteiligen Elementen, um 1960, Lichtpause

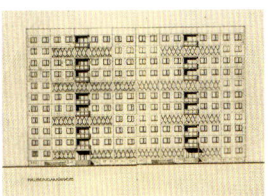

Fassadenschema der Plattenbauweise mit raumgroßen, oberflächenfertigen Außenwandelementen, um 1968, Lichtpause

◀ Bayrischer Platz mit Café »Windmühle« und der Plastik »Künstlerischer Tanz« sowie Seitenganghaus der 5-Mp-Laststufe, nach 1965, Fotograf Dr. W. G. Heyde / HEYPHOT

Kindertagesstätte
an der Ecke Philipp-Rosenthal-Straße und Linnéstraße

Die an der Bauakademie konstruierte Vorhangfassade der 1964 vollendeten Hauptpost war die erste Vorhangfassade in der DDR. Für Bürogebäude fanden Vorhangfassaden mit farbigen Brüstungsgläsern und unterschiedlichem Fensterraster danach häufig Anwendung. Am Bürohaus »Interpelz« zeigten die Brüstungen statt des ansonsten üblichen Glases ein Mosaikdekor.

Die Einführung des Metallleichtbaus im Jahre 1968 versprach kurze Bauzeiten, hohe Flexibilität und geringe Planungskosten. Das Forschungs- und Verwaltungsgebäude des Metallleichtbaukombinates diente als Experimentalbau für die Erprobung unterschiedlicher Varianten für den Korrosionsschutz und den Innenausbau.

◄ **Universitätshochhaus im Bau,**
Karl-Marx-Platz,
Architekten Hermann Henselmann,
Horst Siegel, Ambros Georg Gross,
Helmut Ullmann, Eberhard Göschel,
Volker Sieg, Rudolf Skoda,
Herbert Käseberg und Klaus Kind,
1968–1975, 3. Juli 1969,
Fotograf Herbert Lachmann

Forschungs- und
Verwaltungsgebäude des
VEB Metall-Leichtbaukombinat,
Arno-Nitzsche-Straße 45,
Architekten Eberhard Göschel
und Volker Sieg, 1969/70

Bürohochhaus,
VEB Verlade- und Transportanlagenbau Schwermaschinenbau,
Zschortauer Straße 2,
Architekt Günter Gerhardt,
1958–1959, um 1975,
Fotograf Herbert Lachmann

Die von Herbert Müller (1920–1995) aus Halle bereits 1954 entwickelten HP-Schalen (HP für »Hyperboloid«) aus Stahlbeton besaßen durch ihre doppelt gekrümmte Form eine hohe Stabilität bei sparsamem Materialeinsatz. Für Dachkonstruktionen fanden sie – wie bei dem Kindergarten in der Linnéstraße – seit Mitte der 1960er Jahre vielfach Verwendung.

Eine Ausnahme blieb der Gleitschalbau des Universitätshochhauses und des Wohnhochhauses Wintergartenstraße. Bei dieser Bauweise besteht das Traggerüst aus Beton, die erforderliche Schalung rückt mit dem Baufortschritt stufenweise höher. Der fertige Gleitkern erhielt an der Wintergartenstraße eine Verkleidung mit hellem Kunststein, am Universitätshochhaus mit Aluminiumprofilen auf einer Holzkonstruktion.

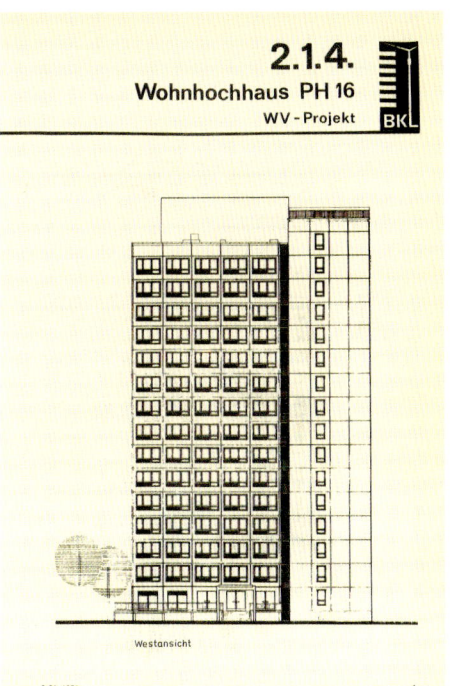
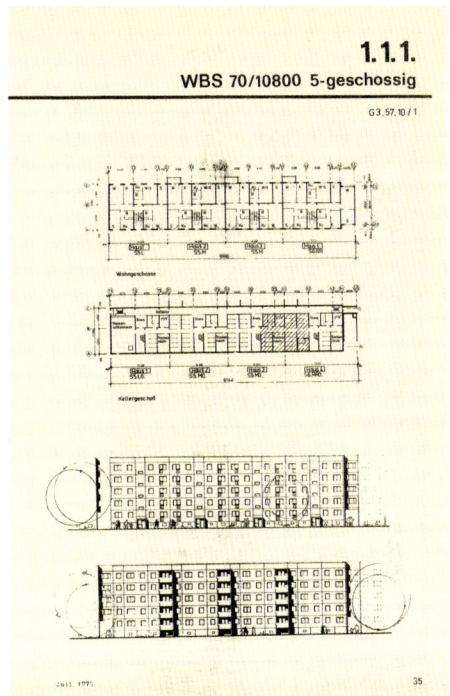

Beispiele aus dem Angebotskatalog des VEB Baukombinat Leipzig, Juli 1975

◀ Wohngebäude
Bruno-Plache-Straße
(heute Lene-Voigt-Straße 2–8),
Mittelganghaus
der 5-Mp-Laststufe,
Erich Böhme und Kollektiv,
1966–1968, 4. April 1970,
Fotograf Herbert Lachmann

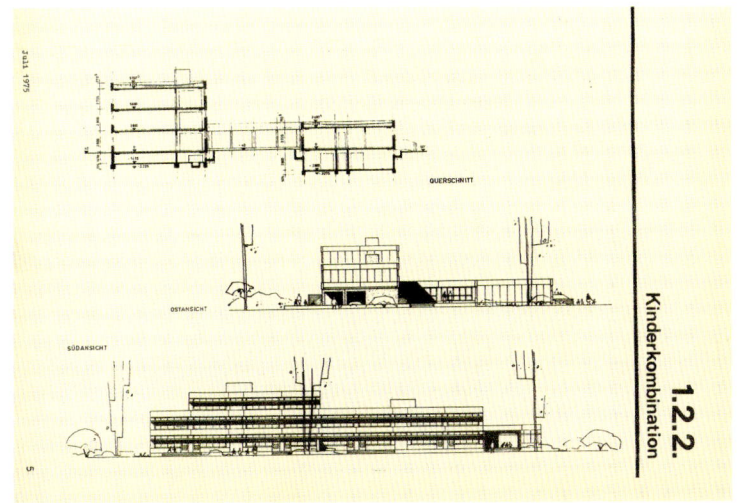

Epilog

Im Jahr 1971 hatte der VIII. Parteitag der SED die politischen Weichen für ein weitreichendes Wohnungsbauprogramm gestellt. Der geforderte schnelle Wohnungszuwachs konnte nur durch extensiven Neubau in städtischen Randlagen erreicht werden, der weitere Aufbau der Innenstädte wurde zurückgestellt.

Am 1. Juni 1976 wurde der Grundstein für das Neubaugebiet Leipzig-Grünau gelegt. Geplant war die Errichtung von 36 000 Wohnungen für 100 000 Einwohner. Dieses Neubauvorhaben band den größten Teil der vorhandenen Baukapazitäten in Leipzig. Erst 1986 begann der Neubau im Wohngebiet Paunsdorf mit ausschließlich fünf- und sechsgeschossiger Bebauung des Systems WBS 70 ohne weitere städtebauliche Akzente durch vielgeschossige Bauten wie noch in Grünau. Die Folgen für den großen Bestand an Wohnhäusern des späten 19. und frühen 20. Jahrhunderts waren katastrophal. Der Verfall ganzer Stadtteile durch mangelnde Bauunterhaltung war schon bald nicht mehr aufzuhalten. Vernachlässigung prägte auch den reichen Denkmalbestand der Stadt.

Seit den 1980er Jahren erhielt das »Innerstädtische Bauen« zunehmenden Stellenwert. Am Ernst-Thälmann-Platz in Volkmarsdorf ist ein Wohnquartier des 19. Jahrhunderts modellhaft durch Neubauten des Typs WBS 70 ersetzt worden. Ähnliche Vorhaben begannen u. a. auch in Reudnitz, Connewitz und im Seeburgviertel. Das hohe Niveau des innerstädtischen Bauens am Dorotheenplatz blieb jedoch eine Ausnahme.

Gleichzeitig wuchs das Unbehagen an den Stadträumen und Bauten der sechziger Jahre. Bei dem 1988 durchgeführten Wettbewerb für die weitere Gestaltung des Stadtzentrums bestand unter allen Teilnehmern Einigkeit darüber, dass das Ziel in der Verdichtung und Wiederbebauung der Freiräume und in der Wiederherstellung historischer Straßenverläufe bestehen müsse. Im radikalen Wettbewerbsentwurf einer Arbeitsgemeinschaft Leipziger Architekten waren die meisten Bauten der jüngsten Geschichte zum Abbruch vorgesehen. Außerdem sollten wichtige, im Zweiten Weltkrieg verlorene Bürgerhäuser des 18. Jahrhunderts als Rekonstruktionen wieder errichtet werden.

Forschungs- und
Verwaltungsgebäude des
VEB Metall-Leichtbaukombinat,
Arno-Nitzsche-Straße 45,
Abriss, 2003,
Fotograf Stefan Hoyer,
punctum

Nach 1990 wurde die Revision der Moderne im Stadtzentrum konkret. Gebäude, die Jahrzehnte lang das Stadtbild geprägt hatten, wie die Wohnhausscheiben am Brühl, das Messeamt oder die Messehofpassage, wurden abgerissen. Mit der Standortwahl für den Neubau des Museums der bildenden Künste ist der Sachsenplatz aufgegeben worden. Zuletzt verschwanden das Verwaltungsgebäude des VEB Baukombinat und das robotron-Gebäude aus dem Stadtbild.

In den letzten 15 Jahren ist das Interesse an der DDR-Architektur, insbesondere aus den 1960er und 70er Jahren spürbar gewachsen. Für die Erhaltung des robotron-Gebäudes, der Wohnhausscheiben am Brühl und des Bowlingtreffs setzten sich lokale Initiativen mit zum Teil großer Resonanz ein. Um die Erhaltung des Gästehauses des DDR-Ministerrates nach seiner Unterschutzstellung durch das Landesamt für Denkmalpflege auch tatsächlich zu ermöglichen, ändert die Stadt einen gültigen Bebauungsplan.

◀ Bayrischer Bahnhof,
Portikus mit Gleisanlagen, 1977,
Fotograf Herbert Lachmann

Rekonstruktionsgebiet Volkmarsdorf,
Luftbildschrägaufnahme Blickrichtung Süd
mit Lukaskirche, Idastraße, Elisabethstraße,
Wurzner Straße, 21. März 1992,
Fotograf Heinz Morgenstern

Experimentalbauvorhaben Innere Westvorstadt, Dorotheenplatz, Modellfoto, um 1984, Büro des Chefarchitekten

Ostvorstadt, Abriss von Altbauten, 1983, Fotograf Norbert Vogel

Wohngebiet Leipzig-Grünau,
Wohnhaus an der Schönauer
Straße

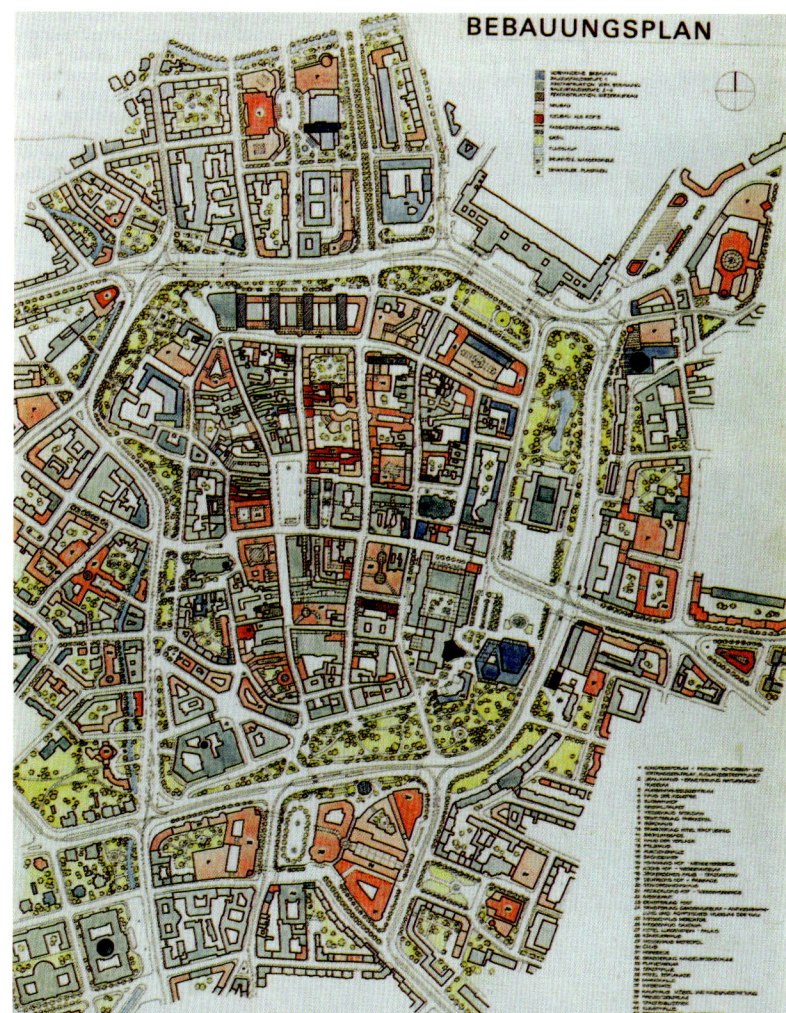

Ideenwettbewerb für die weitere städtebauliche-architektonische Gestaltung des Stadtzentrums,
Beitrag von Stefan Riedel, Andrea Krüger, Heinz-Jürgen Böhme und Angela Wandelt, 1988,
Reproduktion aus den Leipziger Blättern, Heft 15, Herbst 1989, S. 41.

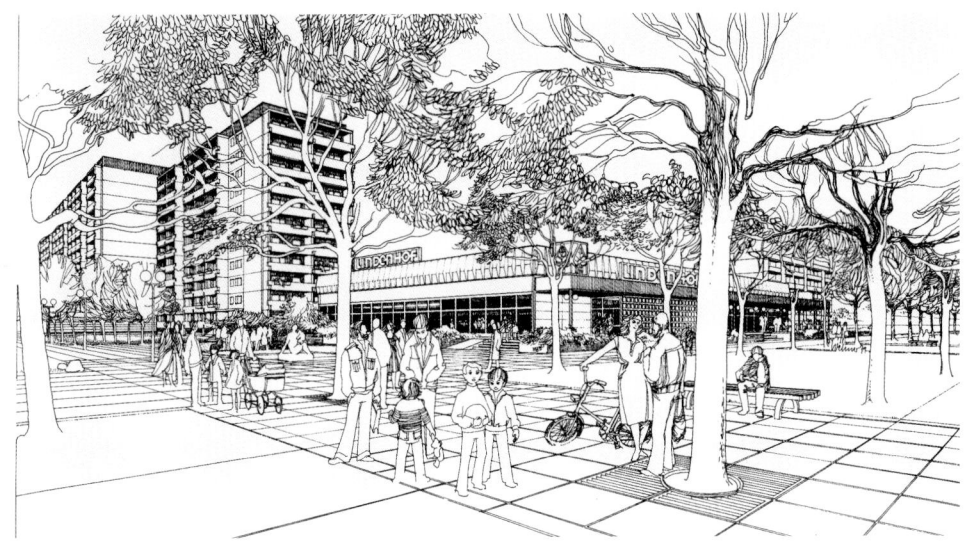

Wohngebiet Leipzig-Grünau, Gaststätte »Lindenhof« im Wohnkomplex 3, Schaubild von Hans-Dietrich Wellner, April 1979, Reproduktion

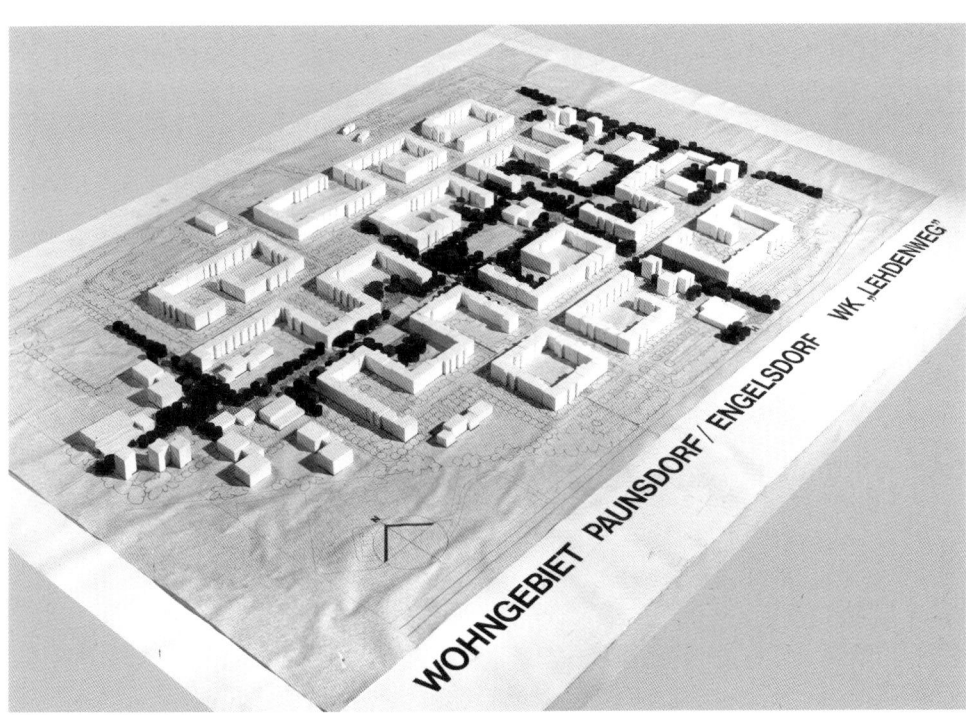

Wohngebiet Leipzig-Paunsdorf/ Engelsdorf, Wohnkomplex »Lehdenweg«, Modellfoto, um 1987

Anhang

Literatur

Architekturführer der DDR. Bezirk Leipzig. Bearbeitet von Joachim Schulz, Wolfgang Müller und Erwin Schrödl. Berlin 1976.

Assmann, Wolfgang: Sportmedizinisches Institut Leipzig. In: Deutsche Architektur. Bd. 15 (1966), S. 468–473. Aus Geschichte und Neuaufbau der ehemaligen Rannischen Vorstadt Leipzigs, (Leipziger Stadtgeschichtliche Forschungen, hg. v. Heinz Füßler, H. 1), Leipzig 1952.

Auspurg, Heinz: Überblick zur städtebaulichen und baulichen Entwicklung der Stadt Leipzig im Zeitraum 1945–1958. Büro des Chefarchitekten, erarbeitet von Heinz Auspurg, 1988. Maschienenschrift.

Bauen in Leipzig 1945–1990. Akteure und Zeitzeugen auf persönlichen Spuren der Leipziger Baugeschichte. Hg. von Joachim Tesch. Rosa-Luxemburg-Stiftung Sachsen, Leipzig 2003.

Bauten der Kultur und der Wissenschaft [in Leipzig]. In: Deutsche Architektur. Bd. 14 (1965), S. 478–481.

Beiträge zur Architekturdiskussion über das neue Opernhaus in Leipzig: Diskussion zwischen Prof. Baburow und Mitgliedern der Deutschen Bauakademie. In: Deutsche Architektur. Bd. 3 (1954), 2, S. 64–69.

Berger, Hubertus: Studentenwohnheim Karl-Marx-Universität Leipzig. In: Deutsche Architektur. Bd. 20 (1971), S. 238–243.

Beyer, Walther: Denkschrift des Dezernenten für das Bauwesen der Stadt Leipzig über Maßnahmen und Absichten zur Beräumung des Trümmerfeldes, zur Instandsetzung der beschädigten Gebäude, zum Aufbau der zerstörten Häuser und Stadtteile, sowie zur Herstellung der Existenzgrundlage Leipzigs, Leipzig 31. März 1946.

Beyer, Walther: Denkschrift des Dezernates Bauwesen über die Baupolitik und Aufbaupraxis Leipzigs während des Jahres 1946, Leipzig 31. Dezember 1946.

Beyer, Walther: Leipzigs Kongresshalle als Kulturzentrum. Entstehung und Gestaltung. Leipzig 1947.

Beyer, Walther: Das Transportwesen im Aufbau Leipzigs, Leipzig 1. März 1948.

Beyer, Walther: Messestadt Leipzig im Jahre 1948. Städtebauliche Aufgaben und Absichten, in: Der Bauhelfer, 3. Jg. (1948), S. 120–123.

Beyer, Walther: Die Bauplanung und Baupolitik Leipzigs 1945–1949. Schriftenreihe des Dezernates Bau- und Verkehrswesen. Leipzig 1949.

Beyer, Walther: Denkschriften über den Aufbau Leipzigs in den Jahren 1945–1949. Sammelband. Leipzig 1963.

Blumerich, E.: Leipzig: Gespräch mit Architekten und mit dem Stadtarchitekten in Leipzig. In: Deutsche Architektur. Bd. 11 (1962), S. 78–79.

Bonitz, Johannes: Experimentalentwurf zur Umgestaltung eines Altbauwohngebietes in Leipzig. In: Deutsche Architektur. Bd. 12 (1963), S. 466.

Böhme, Manfred: Hotel »Stadt Leipzig«. In: Deutsche Architektur. Bd. 13 (1964), S. 89–92.

Böhme, Manfred: Interhotel »Stadt Leipzig«. In: Deutsche Architektur. Bd. 15 (1966), 1, S. 30–35.

Böttke, Horst: Modernisierungskomplex Ostheimstraße in Leipzig. In: Deutsche Architektur. Bd. 22 (1973), S. 662–665.

Bote, Peter: Wohnungsreserven der Leipziger Altbausubstanz. In: Deutsche Architektur. Bd. 22 (1973), S. 692–963.

Brause, Gerald: Die Stadtregion Leipzig und ihre städteplanerische Entwicklung. In: Deutsche Architektur. Bd. 14 (1965), S. 496–499.

Bürogebäude [in Leipzig]. In: Deutsche Architektur. Bd. 14 (1965), S. 482.

Chronik des Baugeschehens: Leipzig. Wohngebäude am Roßplatz. In: Deutsche Architektur. Bd. 2 (1953), S. 300.

Das neue Opernhaus in Leipzig. In: Deutsche Architektur. Bd. 2 (1953), S. 271–277.

Denkmaltopographie Bundesrepublik Deutschland, Denkmale in Sachsen, hg. v. Landesamt für Denkmalpflege Sachsen, Stadt Leipzig, Bd. 1, Südliche Stadterweiterung, bearb. v. Christoph Kühn und Brunhilde Rothbauer, Berlin 1998.

Denkschrift des Dezernenten für das Bauwesen der Stadt Leipzig über die Maßnahmen und Absichten zur Beräumung des Trümmerfeldes, zur Instandsetzung der beschädigten Gebäude, zum Aufbau der zerstörten Häuser und Stadtteile, sowie zur Herstellung der Existenzgrundlage Leipzigs. Dem Rat der Stadt Leipzig vorgelegt von Walther Beyer. Leipzig 1946.

Die Projektierung der Postbauten und des DEWEG-Werbehauses am Karl-Marx-Platz in Leipzig. In: Deutsche Architektur. Bd. 10 (1961), S. 564–571.

Drechsler, Volkrad: Zu den Möglichkeiten eines Entwicklungsplanes – dargestellt am Beispiel des Messegeländes Leipzig. In: Deutsche Architektur. Bd. 22 (1973), S. 626–629.

»Eine Wohnung für alle«. Geschichte des kommunalen Wohnungsbaus in Leipzig 1900–2000. Hg. von PRO LEIPZIG e.V. und Leipziger Wohnungs- und Bauges. mbH. Leipzig 2000.

Engmann, Birk: Bauen für die Ewigkeit. Monumentalarchitektur des zwanzigsten Jahrhunderts und Städtebau in Leipzig in den fünfziger Jahren. Beucha 2006.

Füßler, Heinz: Leipziger Universitätsbauten. Die Neubauten der Karl-Marx-Universität seit 1945 und die Geschichte der Universitätsgebäude, Leipzig 1961.

Füßler, Heinz: Das Alte Rathaus zu Leipzig. Leipzig 1963.

Füßler, Heinz/**Wichmann**, Heinrich: Das Alte Rathaus zu Leipzig. Berlin 1958.

Gerhardt, Günter: Polytechnische Oberschule [Leipzig] Sellerhausen. In: Deutsche Architektur. Bd. 16 (1967), S. 408–411.

Geschichte der Leipziger Universitätsbauten im urbanen Kontext. Hg. von Michaela Marek und Thomas Topfstedt. Leipzig 2009.

Gerull, Benno: Einige Vorschläge zur Verminderung der Kubatur des neuen Opernhauses in Leipzig. In: Deutsche Architektur. Bd. 3 (1954), S. 74–76.

Gibbisch, Hans: Wettbewerb für die städtebauliche Gestaltung des Südabschnitts vom Promenadenring in Leipzig. In: Deutsche Architektur. Bd. 3 (1954), S. 114–117.

Groß, G.: Bemerkungen eines Architekten zur Stadtplanung in Leipzig. In: Deutsche Architektur. Bd. 11 (1962), S. 84.

Grube, Gert-Rainer: Neues Vogelhaus im Zoologischen Garten in Leipzig. In: Deutsche Architektur. Bd. 20 (1971), S. 44–45.

11. Grundschule Leipzig-Mockau: Entwurf: Architekt BDA Dr.-Ing. Martin Weber, Architekt Günther Gerhardt. In: Deutsche Architektur. Bd. 6 (1957), S. 63.

Gußmann, Hans: Die Bühnentechnik der Leipziger Oper. In: Deutsche Architektur. Bd. 10 (1961), S. 82–88.

Haase, Peter: Studie für den Sporthallenkomplex der Karl-Marx-Universität Leipzig. In: Deutsche Architektur. Bd. 21 (1973), S. 560–561.

Haikal, Mustafa: Die Hugo Schneider Aktiengesellschaft. Die naturwissenschaftlich-technischen Institute der Akademie der Wissenschaften der DDR (Standort Leipzig-Permoserstraße). Leipzig 2001.

Haikal, Mustafa: Kongreßhalle Leipzig. Die wechselvolle Geschichte eines traditionsreichen Gesellschaftshauses, Leipzig 2011.

Hartel, Arno: Der Neuaufbau des Grassi-Museums in Leipzig. In.: Deutsche Architektur. Bd. 7 (1958), S. 387–389.

Hellmuth, Anette: Die Planungs- und Baugeschichte der Alten Technischen Messe Leipzig 1913–1993, Leipzig 1997.

Hemmerling, Kurt: Ist das Projekt des neuen Opernhauses in Leipzig volkswirtschaftlich vertretbar? In: Deutsche Architektur. Bd. 3 (1954), S. 73 f.

Hemmerling, Kurt/**Nierade**, Kunz: Das neue Opernhaus in Leipzig. In: Deutsche Architektur. Bd. 4 (1955), S. 146–151.

Hopp, Hanns: Über die äußere Gestaltung des neuen Opernhauses in Leipzig. In: Deutsche Architektur. Bd. 3 (1954), S. 70–72.

Hopp, Hanns: Das neue Opernhaus in Leipzig. In: Deutsche Architektur. Bd. 10 (1961), S. 69–77.

Hocquél, Wolfgang: Die Architektur der Leipziger Messe, Berlin 1994.

Hocquél, Wolfgang: Leipzig. Architektur von der Romanik bis zur Gegenwart, Leipzig 2004.

Hoscislawski, Thomas: Bauen zwischen Macht und Ohnmacht: Architektur und Städtebau in der DDR. Berlin 1991.

Horn, Birgit: Leipzig im Bombenhagel – Angriffsziel »Haddock«. Zu den Auswirkungen der alliierten Luftangriffe auf die Stadt Leipzig, Leipzig 1998 (Leipziger Kalender 1998, hg. v. der Stadt Leipzig, Stadtarchiv, Sonderband).

Jackowski, Eitel: Alfred-Rosch-Kampfbahn Leipzig. In: Deutsche Architektur. Bd. 15 (1966), S. 467.

Jackowski, Eitel: Alfred-Rosch-Kampfbahn in Leipzig. In: Deutsche Architektur. Bd. 17 (1968), S. 467.

10 Jahre BCA Leipzig. Stadtplanung und Stadtentwicklung. Leipzig 1977.

Kaufmann, Christoph: Von einem Abriß wird abgeraten. Das Gewandhaus zu Leipzig zwischen 1944 und 1968. Beucha 1996.

Kempe, Klaus: VEB Maschinelles Rechnen Leipzig. In: Deutsche Architektur. Bd. 16 (1967), S. 678–683.

Koch, Ralf: Leipzig und Dresden: Städte des Wiederaufbaus in Sachsen. Stadtplanung, Architektur, Architekten 1945–1955. Dissertation, Universität Leipzig, Fakultät für Geschichte, Kunst- und Orientwissenschaften, 1999.

Koch, Ralf: Messehaus »Messehof« 1949/50. Zur Kontinuität innerstädtischer Messehaus-Architektur nach dem Zweiten Weltkrieg, in: Zwahr, Hartmut/Topfstedt, Thomas/Bentele, Günter (Hg.): Leipzigs Messen 1497–1997. Gestaltwandel – Umbrüche – Neubeginn. Teilband 2: 1914–1997, Köln u. a. 1999, S. 629–641.

Krantz, Horst/Gerhardt, Günter/Lenck, Heinz: Weinrestaurant »Falstaff« in Leipzig. In: Deutsche Architektur. Bd. 13 (1964), S. 334 f.

Kresse, Walter: 800 Jahre Stadt Leipzig: 20 Jahre Aufbau. In: Deutsche Architektur. Bd. 14 (1965), S. 452–453.

Krieg, Stefan W.: »Durch stilvolleren Barock ersetzt«. Das Neue Rathaus in den Jahren 1945–1990, in: Leonhardt, Peter/Nabert, Thomas (Hg.): Arx Nova Svrrexit. Die Geschichte des Neue Rathauses in Leipzig, Leipzig 1998, S. 75–85.

Leipzig im Wiederaufbau, in: Der Bauhelfer, 2. Jg. (1947), S. 20 f.

Leipzig. In: Deutsche Architektur. Bd. 11 (1962), S. 78–84.

Leipzig Permoserstraße. Zur Geschichte eines Industrie- und Wisenschaftsstandorts. Hg. vom UFZ-Umweltforschungszentrum Leipzig-Halle GmbH. Leipzig 2001.

Leonhardt, Peter: DDR-Architektur als Gegenstand der Denkmalpflege – Beispiel Leipzig, in: Architektur und Städtebau im südlichen Ostseeraum von 1970 bis zur Gegenwart. Entwicklungslinien-Brüche-Kontinuitäten, hg. v. Bernfried Lichtnau, Berlin 2007 , S. 387–406.

Leonhardt, Peter: Denkmale und Denkmalensembles der DDR-Moderne in Leipzig, in: Denkmal Ost-Moderne II. Denkmalpflegerische Praxis der Nachkriegsmoderne, hg. v. Mark Escherich und Roman Hillmann, Berlin 2016, S. 244–257.

Löffler, Katrin: Die Zerstörung. Dokumente und Erinnerungen zum Fall der Universitätskirche Leipzig. Leipzig 1993.

Lucas, Walter: Der Ideenwettbewerb Friedrich-Engels-Platz in Leipzig. In: Deutsche Architektur. Bd. 4 (1955), S. 414–417.

Lucas, Walter: Der Aufbau des Stadtzentrums von Leipzig. In: Deutsche Architektur. Bd. 9 (1960), S. 469–478.

Lucas, Walter/Ullmann, Helmut: Wiederaufbau und Umgestaltung des Stadtzentrums [von Leipzig]. In: Deutsche Architektur. Berlin: Verlag für Bauwesen. Bd. 14 (1965), S. 500–501.

Magritz, Kurt: Die Neubauten der Deutschen Hochschule für Körperkultur Leipzig. In: Deutsche Architektur. Bd. 3 (1954), S. 52–63.

Mangold, Dieter: Radrennbahn »Alfred-Rosch-Kampfbahn« in Leipzig. In: Deutsche Architektur. Bd. 21 (1973), S. 565.

Messehaus am Markt in Leipzig. In: Deutsche Architektur. Bd. 13 (1964), S. 101–112.

Mothes: Die Projektierung des ersten Atominstituts in Leipzig. In: Deutsche Architektur. Bd. 7 (1958), S. 66–68.

Müller, Wolfgang: Zur Geschichte der baulichen Entwicklung Leipzigs. In: Deutsche Architektur. Bd. 14 (1965), S. 493–495.

Müller, Wolfgang/Schulze, Johannes: Aufbauschwerpunkt »Marktplatz«. In: Deutsche Architektur. Bd. 11 (1962), S. 80–84.

Nabert, Thomas/Jackowski, Nannette/Rost, Wolf-Dietrich: Sportforum Leipzig. Geschichte und Zukunft, Leipzig 2004.

Naumann, Dieter: Bauernstube mit Grillbar im »konsument«-Warenhaus, Leipzig. In: Architektur der DDR. Bd. 23 (1974), S. 473–475.

Nichtitz, Günter: Neue Schwimmanlage im Sportforum. In: Deutsche Architektur. Bd. 15 (1966), S. 477–476.

Nierade, Kunz: Der Wettbewerb für die städtebauliche Gestaltung des Promenadenrings in Leipzig. In: Deutsche Architektur. Bd. 2 (1953), S. 278–284.

Nierade, Kunz: Entwurf noch nicht abgeschlossen: [Neues Opernhaus in Leipzig]. In: Deutsche Architektur. Bd. 4 (1955), S. 520 f.

Nierade, Kunz: Gedanken und Erläuterungen zum Leipziger Opernneubau. In: Deutsche Architektur. Bd. 10 (1961), S. 61–69.

Nowotny, Kurt: Neubau der Post- und Fernmeldeschule in Leipzig. In: Deutsche Architektur. Bd. 4 (1955), 10, S. 464–469.

Planung und Wiederaufbau. Das Dezernat Bauwesen stellt zur Kritik und Diskussion. Ein Bericht über die gleichnamige Ausstellung vom 15. November bis 11. Dezember 1949. Hg. vom Rat der Stadt Leipzig, Dezernat Bauwesen. Leipzig 1950.

Postneubau Karl-Marx-Platz in Leipzig. In: Deutsche Architektur. Bd. 14 (1965), S. 82–89.

Rau, Christian: Stadtverwaltung im Staatssozialismus. Kommunalpolitik und Wohnungswesen in der DDR am Beispiel Leipzigs (1957–1989). Stuttgart 2017.

Reichardt, Walter: Die akustischen Probleme der Leipziger Oper. Deutsche Architektur. Bd. 10 (1961), S. 78–81.

Richter, Brigitte: Die Theaterbauten Leipzigs und ihre kulturhistorische Bedeutung. In: Deutsche Architektur. Bd. 10 (1961), S. 89–91.

Richter, Juliane/**Weise**, Katja: DDR-Architektur in der Leipziger Innenstadt, Weimar 2015.

Ritter, Kurt: Komplexbau Leipzig-West. In: Deutsche Architektur. Bd. 13 (1964), S. 159–162.

Rohrer, Rudolf: Die Neubauten am Rossplatz in Leipzig. In: Deutsche Architektur. Bd. 4 (1955), S. 100–107.

Rohrer, Rudolf: »Ring-Café« in Leipzig. In: Deutsche Architektur. Bd. 5 (1956), S. 512–515.

Scheibe, Wolfgang: Bauten und Projekte [in Leipzig]. In: Deutsche Architektur. Bd. 14 (1965), S. 454–492.

Scheffler, Tanja: »Kühnste Träume übertroffen«? Einblicke in die Planungs- und Baugeschichte der Karl-Marx-Universität. In: Leipziger Blätter (2018), Heft 72, S. 8–11.

Scheffler, Tanja: Hans-Dietrich Wellner – Architekt, Stadtplaner und begnadeter Freihandzeichner im Leipziger Büro des Chefarchitekten (BCA). In: Leipziger Blätter (2015), Heft 67, S. 52–57.

Schreiner, Wolfgang: Mehrzweckgebäude Interpelz: Leipzig. In: Deutsche Architektur. Bd. 16 (1967), S. 162–167.

Schulze, Johannes: Denkmalpflege [in Leipzig]. In: Deutsche Architektur. Bd. 14 (1965), S. 485–487.

Siegel, Horst: Wohnen in der Stadt: Wettbewerb Karl-Liebknecht-Platz in Leipzig. In: Deutsche Architektur. Bd. 18 (1969), S. 464–473.

Siegel, Horst/**Geißler**, Wolfgang/**Schulze**, Johannes: Planung und Aufbau von Leipzig. In: Deutsche Architektur. Bd. 21 (1972), 2, S. 70–111.

Siegel, Horst: Wohngebiet Leipzig-Grünau: Ideenwettbewerb und Planung. In: Architektur der DDR. Bd. 23 (1974), S. 596–602.

Siegel, Horst: Wohngebiet Leipzig-Grünau, Bebauungskonzeption Wohnkomplexe 1 und 2. In: Architektur der DDR. Bd. 24 (1975), S. 655–659.

Siegel, Horst: Wohngebiet Leipzig-Grünau, Bebauungskonzeption Wohnkomplex 4. In: Architektur der DDR. Bd. 25 (1976), S. 280–285.

Skoda, Rudolf: Neues Gewandhaus Leipzig. Baugeschichte und Gegenwart eines Konzertgebäudes. Berlin 1985.

Skujin, Friedrich: Fassadengestaltung und Grundriss des neuen Opernhauses in Leipzig. In: Deutsche Architektur. Bd. 4 (1955), S. 519.

Souradny, Karl: Sportforum Leipzig. In: Deutsche Architektur. Bd. 6 (1957), S. 314–317.

So richten wir unsere Typenwohnungen ein: einige Gedanken zur Wohnungsbauausstellung des Rates der Stadt Leipzig. In: Deutsche Architektur. Bd. 7 (1958), S. 197–201.

Starke, Werner: Die Leipziger Messehäuser. Gestalt und Geschichte, Leipzig 1961.

Taschner, Erich/**Klepka**, Jürgen: Rekonstruktion Interhotel »Astoria« in Leipzig. In: Deutsche Architektur. Bd. 21 (1972), 8, S. 476–480.

Taschner, Erich/**Klepka**, Jürgen: »Astoria-Klause« im Interhotel »Astoria« Leipzig. In: Deutsche Architektur. Bd. 22 (1973), S. 619–621.

Topfstedt, Thomas: Städtebau in der DDR 1955–1971. Leipzig 1988.

Topfstedt, Thomas: Leipzig. Messestadt im Ring, in: Neue Städte aus Ruinen. Deutscher Städtebau der Nachkriegszeit, hg. v. Klaus v. Beyme u. a., München 1992, S. 182–196.

Topfstedt, Thomas: Oper Leipzig. Das Gebäude, Leipzig 1993.

Topfstedt, Thomas: Aufbauplan und Demonstrationsplan – Das Leipziger Stadtzentrum in den fünfziger Jahren, in: Feste und Feiern. Zum Wandel städtischer Festkultur in Leipzig, hg. v. Katrin Keller, Leipzig 1994, S. 313–325.

Topfstedt, Thomas: Die städtebauliche Entwicklung nach 1945, in: Die Bau- und Kunstdenkmäler von Sachsen: Stadt Leipzig. Die Sakralbauten I/II, hg. v. Landesamt für Denkmalpflege Sachsen, München/Berlin 1995, S. 105–122.

Topfstedt, Thomas: Architektur der Verheißung. Der Ausstellungspavillon der UdSSR auf der Leipziger Technischen Messe, in: Zwahr, Hartmut/Topfstedt, Thomas/Bentele, Günter (Hg.): Leipzigs Messen 1497–1997. Gestaltwandel – Umbrüche – Neubeginn. Teilband 2: 1914–1997, Köln u. a. 1999, S. 643–654.

Topfstedt, Thomas: Ohne Chance? Zum Umgang mit Baudenkmalen der Nachkriegsmoderne in Leipzig, in: DENKMALpflege – StädteBAU. Beiträge zum 70. Geburtstag von Hiltrud Kier, hg. v. Birgit Aldenhoff, Köln 2008, S. 104–111.

Topfstedt, Thomas: Die bauliche Entwicklung der Universität Leipzig von 1945 bis 1989, in: Geschichte der Universität Leipzig 1409–2009, Bd. 5: Geschichte der Leipziger Universitätsbauten im urbanen Kontext, unter Mitwirkung v. Uwe John hg. v. Michaela Marek und Thomas Topfstedt, Leipzig 2009.

Ullmann, Helmut: [Neue Bauten im] Bereich Altmarkt – Karl-Marx-Platz. In: Deutsche Architektur. Bd. 13 (1964), S. 534–535.

Ullmann, Helmut: Neubaukomplex der Karl-Marx-Universität in Leipzig. In: Deutsche Architektur. Bd. 23 (1974), S. 72–91.

Walther, Günter/**Kurth**, Siegfried/**Dick**, Peter: Zur Rekonstruktion des Warenhauses »konsument« am Brühl in Leipzig. In: Deutsche Architektur. Bd. 17 (1969), S. 196–205.

Wiesemann, Gabriele: Hanns Hopp 1890–1971. Königsberg, Dresden, Halle, Ost-Berlin. Eine biographische Studie zu moderner Architektur, Schwerin 2000.

Winter, Christian: Gewalt gegen Geschichte. Der Weg zur Sprengung der Universitätskirche Leipzig, Leipzig 1998.

Wohnungsbau Leipzig: ein Querschnitt durch die Tätigkeit des Entwurfsbüros für Hochbau des Rates der Stadt Leipzig. In: Deutsche Architektur. Bd. 7 (1958), S. 244–248.

Wohnungsbau [in Leipzig]. In: Deutsche Architektur. Bd. 14 (1965), S. 474–477.

Verkehrsplanung – Verkehrsbauten [in Leipzig]. In: Deutsche Architektur. Bd. 14 (1965), S. 488–492.

Verwundungen. 50 Jahre nach der Zerstörung von Leipzig, hg. v. Stadtgeschichtlichen Museum Leipzig, Leipzig 1994.

Zur Diskussion über das Opernhaus Leipzig. In: Deutsche Architektur. Bd. 4 (1955), S. 519–521.

Abbildungsverzeichnis

Architekturmuseum der TU München 9

Sabine Faßauer, Leipzig 36, 93 (oben), 142

Deutsche Fotothek in der Sächsischen Landesbibliothek – Staats- und Universitätsbibliothek Dresden 74

Deutsche Nationalbibliothek in Leipzig 32 (unten)

Evangelisch-Lutherische Dreifaltigkeitskirchgemeinde Leipzig 40, 41

Gerhard Hopf, Leipzig 42, 43 (links)

Institut für soziale Raumforschung Erkner, Wissenschaftliche Sammlung 82

Leipziger Messe GmbH, Unternehmensarchiv 32 (oben)

Leipziger Volkszeitung 91

Sächsisches Staatsarchiv, Staatsarchiv Leipzig 33, 37

Stadtarchiv Leipzig Innentitel, 8, 12, 14–16, 18-20, 22, 23, 24 (unten), 26–28, 30, 31, 35, 38 (links), 39, 46, 48, 49, 52, 53, 54 (oben), 55–59, 61, 62, 63 (unten), 64, 65 (unten), 66, 68–70, 72, 73, 74 (unten), 76, 77, 78 (oben), 84, 87–89, 92, 93 (unten), 94, 95, 96/97, 98, 99, 101, 102, 104, 106, 107 (unten), 108, 112 (oben), 114, 116, 118, 119-121, 124–128, 130–133, 135 (unten), 136–141, 144, 145, 148, 149, 152, 154, 155 (oben), 156 (oben), 157

Stadtgeschichtliches Museum Leipzig 21, 24 (oben), 29, 34, 38 (rechts), 44, 47, 50, 54 (unten), 60, 63 (oben), 65 (oben), 71, 78 (unten), 79, 86, 90, 100, 105, 107 (oben), 109, 113, 115, 129, 143, 135 (oben), 147

Stadt Leipzig, Amt für Bauordnung und Denkmalpflege 143, 146, 153

Norbert Vogel, Eichwalde 155 (unten)

VG Bild-Kunst, Bonn 2018 Titel, 167

Friedrich Weimer, Dresden 112 (Mitte, unten)

Leonore Wittwer, Groitzsch 110/111, 122, 123

Zoo Leipzig GmbH 25

Autorenverzeichnis

Christoph Kaufmann
Diplomhistoriker und Museologe, ist Kurator der fotografischen Sammlung am Stadtgeschichtlichen Museum Leipzig. Er forschte und publizierte bisher zur Situation der Jungen Gemeinde im Spannungsjahr 1953, zur Baugeschichte des Neuen Gewandhauses und zur Trümmerbahn in Leipzig. Er betreute zahlreiche Fotoausstellungen und veröffentlichte mehrere Publikationen zum Lebenswerk der Fotografenfamilie Walter. Die früheste Fotogeschichte von Leipzig konnte von ihm durch langjährige Recherchen zum Lebenswerk der Fotografin Bertha Wehnert-Beckmann neu interpretiert werden. Ein Begleitbuch und eine ambitionierte Ausstellung waren das Ergebnis des Projektes. Mit Beiträgen zum Lebenswerk von Architekt Walther Beyer und zum Kirchenbau in Leipzig nach 1945 widmete er sich bislang wenig beachteten Kapiteln der Leipziger Stadtgeschichte.

Peter Leonhardt
arbeitet als Denkmalpfleger in der Denkmalschutzbehörde der Stadt Leipzig. Er hat gemeinsam mit Anett Müller und Christoph Kaufmann mehrere Ausstellungen zur Leipziger Architekturgeschichte kuratiert und ist seit 2010 Lehrbeauftragter an der Universität Leipzig. Nach einem Studium der Kunstgeschichte wurde er 1997 mit einer Arbeit über Bildpublizistik im Dreißigjährigen Krieg promoviert und hat zahlreiche Beiträge zur Architekturgeschichte und Denkmalpflege veröffentlicht, u. a.:
Arx nova surrexit. Die Geschichte des Neuen Rathauses in Leipzig (Hg.), Leipzig 1998;
Moderne in Leipzig. Architektur und Städtebau 1918–1933, Leipzig 2007; Städtebau und Architektur im Nationalsozialismus. Leipzig 1933–1945, Leipzig 2008,
Das Neue Rathaus zu Leipzig (zus. mit Mustafa Haikal), Leipzig 2015.

Anett Müller
Bestandsreferentin im Stadtarchiv Leipzig, studierte von 1988 bis 1994 Geschichte, Archivwissenschaft/historische Hilfswissenschaften sowie Kulturwissenschaften an der Universität Leipzig und promovierte 2004 zur Verwaltungsgeschichte von Leipzig im 19. Jahrhundert. Sie kuratierte Ausstellungen zur Kartographie-, Architektur- und Stadtgeschichte sowie zu einzelnen Architekten und publizierte zur Großstadtwerdung, zur Geschichte der Stadtverwaltung, der Stadtentwicklung sowie Kartographiegeschichte von Leipzig. Sie ist eine profunde Kennerin der stadtgeschichtlichen Quellen.

Tanja Scheffler
Architektin und Bauhistorikerin, studierte 1990 bis 1993 Architektur an der Fachhochschule Hildesheim, anschließend berufspraktische Tätigkeit als Hochbauingenieurin und ab 1996 dann Architektin in Dublin, Hannover und Dresden, 1995 bis 1999 berufsbegleitendes Studium an der TU Dresden, parallel dazu 1997 bis 2004 Dozentin für die Ausbildung von Mitarbeitern für die Denkmalerfassung in Berlin, 2004 bis 2007 Forschung und Lehre am Lehrstuhl für Baugeschichte der TU Dresden, seit 2008 freiberufliche Tätigkeit als Bauhistorikerin, Fachautorin und Architekturjournalistin, Lehraufträge an verschiedenen Hochschulen. Zahlreiche Artikel zur Planungs- und Baugeschichte des 20. Jahrhunderts in Fachzeitschriften, Sammelbänden und Ausstellungskatalogen.

Impressum

Katalog zur Ausstellung
des Amtes für Bauordnung und
Denkmalpflege der Stadt Leipzig,
des Stadtarchivs Leipzig und
des Stadtgeschichtlichen Museums Leipzig
vom 17. Mai bis 15. Oktober 2017
im Stadtgeschichtlichen Museum Leipzig

und im Zentrum für Baukultur Sachsen
vom 16. Januar bis 16. Februar 2019

Herausgeber
Stiftung Sächsischer Architekten
Haus der Architekten
Goetheallee
D-01309 Dresden
Tel. +49 (0) 351 317 46-0
Fax +49 (0) 351 317 46-44
www.stiftung-saechsischer-architekten.de
info@stiftung-saechsischer-architekten.de

Autoren
Christoph Kaufmann
Peter Leonhardt
Anett Müller
Tanja Scheffler

© Dresden 2018
Texte bei den Autoren, Abbildungen
bei den Inhabern der Bildrechte

Redaktion
Susann Buttolo, Anett Müller
und Peter Leonhardt

Gestaltung
Norbert du Vinage
Sandstein Verlag Dresden

Satz und Reprografie
Sandstein Verlag Dresden

Druck und Verarbeitung
FINIDR GmbH, Český Těšín

ISBN 978-3-95498-448-0

Abbildung auf dem Titel
Beitrag zur Gestaltung des Karl-Marx-
Platzes in der Illustrieren Zeitschrift
für die Frau, Nr. 36, 1. September 1968, Zeichnung Robert Rehfeldt nach
einer Vorlage von Hans-Dietrich Wellner

Abbildung Innentitel
Blick vom Thomaskirchturm
auf das Altes Rathaus,
das Messehaus am Markt
und das Leipziger Messeamt,
um 1968

TANJA SCHEFFLER

»Kunst ist, wenn sie trotzdem entsteht.«
Schlaglichter auf die Architekturdarstellung

Das symbolträchtigste Leipziger Prestigeprojekt der DDR-Zeit war der Neubau der Karl-Marx-Universität, die mit ihrem mehr als 140 Meter hohen Turm der Stadtsilhouette eine bereits von Weiten sichtbare neue Dominante hinzufügte. Denn dieser neue Campus sollte vor dem Hintergrund der III. Hochschulreform als wichtiger Teil der sozialistischen Neugestaltung des Stadtzentrums auch den tiefgreifenden gesellschaftlichen Wandel zeigen. Dieses Bauvorhaben war – aufgrund des dafür notwendigen Abbruchs der Universitätskirche St. Pauli und etlicher weiterer historischer Bauten – jedoch von Anfang an sehr umstritten. Bei dem 1968 dafür ausgelobten, unter Ausschluss der Öffentlichkeit durchgeführten Architekturwettbewerb wurde auf speziellen Wunsch von Walter Ulbricht (1893–1973), dem Generalsekretär des Zentralkomitees der SED und Vorsitzenden des Staatsrats der DDR, der von der Jury nur mit einem dritten Preis ausgezeichnete Entwurf des von Hermann Henselmann (1905–1995) geleiteten Kollektivs der Deutschen Bauakademie mit dreieckiger Hochhaus-Variante zur Ausführung bestimmt. Dieser Vorschlag konnte wahlweise als aufgeschlagenes Buch oder aufgrund der geschwungenen Gebäudespitze auch als wehende Fahne gedeutet werden.

Anschließend wurde aus diesem Entwurf von einem größeren Architektenkollektiv unter der Leitung von Hermann Henselmann und Horst Siegel (geb. 1934) in enger Zusammenarbeit zwischen dem Büro des Chefarchitekten der Stadt Leipzig (BCA), der Experimentalwerkstatt der Bauakademie und dem Leipziger Baukombinat durch die Ergänzung einzelner beim Wettbewerb an anderen Beiträgen positiv aufgefallener Details ein neues Gesamtkonzept entwickelt. Dies wurde vom Politbüro bestätigt, vom Senat der Karl-Marx-Universität und der Leipziger Stadtverordnetenversammlung widerspruchslos hingenommen und anschließend öffentlich präsentiert. Dafür fertigte der Architekt Hans-Dietrich Wellner (1934–2013) aus dem Leipziger BCA unter anderem auch eine detaillierte Perspektivstudie des gesamten Ensembles an, die zuerst in einer Sonderbeilage der *Leipziger Volkszeitung* und später dann in verschiedenen Veröffentlichungen der Bauakademie abgedruckt wurde.[1]

Das ideale Medium für eine suggestive Pressearbeit waren bis in die 1960er Jahre – bevor das Fernsehen in alle Wohnzimmer Einzug hielt – jedoch auflagenträchtige Zeitschriften

Beitrag zur Gestaltung
des Karl-Marx-Platzes
in der Illustrieren Zeitschrift
für die Frau,
Nr. 36, 1. September 1968,
Zeichnung Robert Rehfeldt
nach einer Vorlage (Abb. S. 81)
von Hans-Dietrich Wellner

wie die *Neue Berliner Illustrierte, Zeit im Bild* oder aber *Frau von heute* und *Für Dich*. Denn sie konnten, im Gegensatz zu den klar als »Propaganda« erkennbaren Plakaten und Spruchbändern, den nur sparsam bebilderten Tageszeitungen und den für einen begrenzten Leserkreis gedachten Fachpublikationen, die von offizieller Seite geforderten Erfolgsmeldungen und Narrative einem größeren Publikum anschaulich vermitteln. Dabei kamen hochkarätige Zeichner und Graphiker zum Einsatz. So fertigte der Ost-Berliner Allround-Künstler Robert Rehfeldt (1931–1993) für die illustrierte Frauenzeitschrift »Für Dich« 1968 die bei dieser Publikation als Covermotiv fungierende Architekturzeichnung an.[2]

Rehfeldt studierte an der West-Berliner Hochschule für Bildende Künste beim Universalkünstler Alexander Camaro (1901–1992), der mit dem Architekten Hans Scharoun (1893–1972) befreundet war und deshalb in den frühen 1960er Jahren zuerst die farbigen Glasbausteinfenster der Berliner Philharmonie, danach die der Staatsbibliothek, des Musikinstrumentenmuseums und des Kammermusiksaals entwerfen konnte. Robert Rehfeldt arbeitete nach seinem Studium (1948–1953), da er jahrelang nicht in den Verband Bildender Künstler

(VBK) aufgenommen wurde, was in der DDR jedoch die Grundvoraussetzung dafür war, um für öffentliche Aufträge und Ausstellungen berücksichtigt und zum staatlich kontrollierten Kunsthandel zugelassen zu werden, vor allem als Graphiker, Presse- und Auftragszeichner, illustrierte Abenteuergeschichten, Romane und Gedichtbände. Außerdem fertigte er im eigenen Auftrag Radierungen, Druckgraphiken und andere freie Arbeiten an.

Er gehörte zusammen mit Hanfried Schulz (1922–2005), Ingo Kirchner (1930–1983) und Dieter Tucholke (1934–2001) zu einer Gruppe experimenteller Künstler, die – im Gegensatz zur damals geltenden Doktrin des Sozialistischen Realismus – an Dadaismus, Surrealismus und Konstruktivismus anknüpften und Elemente der Pop-Art und des Informel aufgriffen. So entwickelte er sich zu einem wichtigen Multiplikator westlicher Kunstströmungen in der DDR. Später erhob er die Korrespondenz unter Kollegen (»Mail-Art«) zur Kunst. Dabei avancierten seine eigenen mit ironischen Anspielungen und subversiven Sprüchen wie »Kunst ist, wenn sie trotzdem entsteht« oder »Sei Kunst im Getriebe« bestempelten Karten sofort zu gefragten Sammlerobjekten. Parallel dazu versuchten Schulz und Rehfeldt ab den 1960er Jahren über Hermann Henselmann Aufträge für Kunst am Bau zu akquirieren. Denn Henselmann hatte – trotz zeitweiser völlig anderer stilistischer Vorgaben – schon immer ein Faible für die internationale Moderne. Er arbeite beim Berliner Alexanderplatz und dem Wettbewerbsentwurf für den Leipziger Universitätsneubau mit Walter Womacka (1925–2010) zusammen: einem Künstler, der neben seinen realistischen Auftragswerken auch deutlich modernere Arbeiten angefertigt hat, die teilweise sogar der Pop Art zugeordnet werden könnten.

In der als »schärfste Waffe der Partei« angesehenen Pressearbeit war, genauso wie in der Bildenden Kunst und der Literatur, der Sozialistische Realismus als »verbindliche künstlerische Methode« vorgeschrieben. Daher fertigte Robert Rehfeldt 1968 für die Frauenzeitschrift *Für Dich* auf der Grundlage von Hans-Dietrich Wellners Entwurfsstudie eine schwungvolle, den damaligen Zeitgeist kongenial verkörpernde Präsentationszeichnung mit vielen interessanten Details an. Diese übersetzte Henselmanns eigenwilligen kleinen Faltpavillon, um eine bessere Raumwirkung zu erzielen, bereits in eine neue Form. Statt ihm wurde später das Gewandhaus errichtet, aber das ist bereits wieder eine neue Geschichte.

Anmerkungen

1 Leipziger Volkszeitung vom 24.5.1968, Sonderbeilage, S. 2; Horst Siegel: Stadtzentrum Leipzig, in: Deutsche Architektur, 18. Jg. (1968) Heft 10, S. 592–597, hier S. 592; Horst Siegel: Leipzig, in: Gerhard Krenz u. a. (Hrsg.): Städte und Stadtzentren in der DDR, Berlin/DDR 1969, S. 50–73, hier S. 69. | 2 Rudi Röhrer: Leipziger Perspektiven, in: Für Dich. Illustrierte Zeitschrift für die Frau (1968) Nr. 36, S. 8–9, hier S. 8.